INVOCAÇÃO À LUZ

GRUPO ESOTÉRICO
PONTE PARA A
LIBERDADE®

Direitos autorais do
GRUPO ESOTÉRICO PONTE PARA A LIBERDADE
CNPJ 89.179.253/0001-88
Rua José do Patrocínio, 642 - CEP 90050-004 - Porto Alegre/RS - Brasil
Fone (51) 3227.1469 - Fone/Fax 3227.72.69

Compre nossas obras pela internet:
www.ponteparaaliberdade.com.br

17ª edição: Dezembro 2023

GRUPO ESOTÉRICO
PONTE PARA A
LIBERDADE®

DADOS INTERNACIONAIS PARA CATOLAGAÇÃO NA
PUBLICAÇÃO (CIP) DO DEPARTAMENTO NACIONAL DO LIVRO

I49

Invocação à Luz
Porto Alegre, RS - Ponte Para a Liberdade, 2005
ISBN 85-89352-08-0
1. Grande Fraternidade Branca. 2. Orações. 3. Vida Espiritual
05-0453 CDD 299.93
CDU 289.9
17.02.05 22.02.05 009123

Impresso no Brasil / *Printed in Brazil*

SILVINA ROHDE DIEDERICHS
Fundadora do Grupo Esotérico Ponte para a Liberdade
1ª Coordenadora Espiritual

MARIA SOARES CLAUSSEN
2ª Coordenadora Espiritual no Brasil

ALBA VIRGINIA OPITZ GOMES
3ª Coordenadora Espiritual no Brasil

A GRANDE INVOCAÇÃO

Do ponto de Luz na Mente de Deus
Flua luz às mentes dos homens;
    Desça a luz à Terra.
Do ponto de Amor no Coração de Deus
Flua amor aos corações dos homens;
    Volte Cristo à Terra.
Do centro onde a vontade de Deus é conhecida,
Guie o propósito as pequenas vontades dos homens;
    O propósito que os Mestres conhecem e servem.
Do centro a que chamamos raça dos homens,
Cumpra-se o Plano de Amor e Luz
    E mure-se a porta onde mora o mal.
Que a Luz, o Amor e o Poder restabeleçam o Plano na Terra.

* * *

A DIVINA ESCADA

Cada mortal que sobre a Terra surgir
Receberá de Deus uma escada para subir;
E essa escada cada um há de galgar
Degrau por degrau. Desde o mais baixo lugar,
Vai percorrê-la passo a passo: desde o início
Ao centro do espaço, ao seu próprio princípio.

Numa era passada, mas que hoje perdura,
Escolhi e moldei a minha escada; tu escolheste a tua.
Quer seja de luz ou seja obscura,
Por nós mesmos foi ela escolhida:
Uma escada de ódio ou uma de amor,
Seja ela oscilante ou firmada com vigor.

Quer feita de palha ou formada de ouro-rei,
Cada uma obedece a uma justa lei.
E a deixaremos quando o tempo for esgotado;
Dela toma-se posse ao ser de novo convocado.
Por vigias, em frente a um portão cintilante,
Ela é guardada para cada alma passante.

Mesmo sendo a minha estreita e a tua alargada,
Sozinho chego a Deus por minha própria escada.
A de ninguém posso pedir, nem a minha emprestar;
Com o esforço em subir na sua, cada um tem de arcar.
Se, em cada degrau que escalares,
Só barreiras e tormentas encontrares;

Se pisares sobre ferro enferrujado e madeira carcomida,
A ti cabe transformar tudo isso para, seguro, galgares tua escada.
Reforçá-la e tê-la sempre reconstruída
É a tua tarefa árdua, mesmo que longa seja tua vida.
Chegando ao fim da escada, já terás cruzado a **ponte**
Que te dará todos os tesouros da Terra, e do Espírito Divino, a fonte.

Tudo o que de outra forma se possa obter
Será ilusão apenas. Não pode permanecer.
Em revoltas inúteis não faremos o tempo fugir.
Subir, cair, reconstruir; cair, subir, reconstruir,
Cumpramos isso, até que a nossa carreira humana nos leve à Verdade,
Até que juntos, homem e Deus, sejamos UMA só Divindade.

O MAHA CHOHAN

PONTE PARA LIBERDADE

Introdução

1. CREDO DA PONTE PARA A LIBERDADE

CREIO na onipresente, onipotente e onisciente Presença Divina EU SOU, fonte de toda vida, e na substância verdadeira do Amor Celestial existente em Seu pulsante Coração Divino.

CREIO na inseparável e individualizada Presença Divina EU SOU e em Seu irradiante Foco de Luz em cada coração humano – o Santo-Ser-Crístico – que se manifesta na forma externa como a ação da Vontade Divina.

CREIO na imortalidade da Chama Trina da Vida, no perfeito equilíbrio do Amor, Sabedoria e Poder do Espírito Santo – sacrossanta origem de toda Inteligência Divina existente em cada coração humano.

CREIO na Paternidade e Maternidade Divina Universal, na fraternidade total dos homens, e na comunhão consciente da humanidade com a Grande Legião de Luz dos Mestres Ascensionados e na Grande Fraternidade Branca.

CREIO no eterno perdão e esquecimento de toda transgressão humana à Lei da Vida, da Misericórdia e do Amor; na purificação da alma por meio do uso constante da transformadora Chama Violeta e de outras forças do Fogo Sagrado.

CREIO no poder do puro Amor Divino da fraternidade consciente que está acima de toda substância e de toda energia do pensamento, sentimento, palavra e ação.

CREIO na Ascensão na Luz, quando tiver alcançado a máxima perfeição do Cristo.

CREIO em uma vida eterna através da Ascensão à Vitoriosa Conclusão na Luz Divina. Essa é a realização do Plano Divino, o sentido e a razão de minha existência.

* * *

2. ORAÇÃO DE KRISHNA

Ó Vós, infinita e sagrada Presença Divina, Altíssima Fonte de toda vida! Abençoado seja o Vosso sagrado nome!

Nós nos prosternamos aos Vossos pés;

Nós Vos rendemos ação de graças;

Nós Vos glorificamos por Vossa majestosa Presença no Universo!

Porque Vós sois EU SOU o EU SOU.

Nós Vos devolvemos, ó Poderoso, toda força e poder que foram usados por nós na imperfeita manifestação visível ou invisível.

Vós sois o Todo-Poderoso do Universo! Não existe outro poder em atividade.

Seja feita a Vossa vontade em nós, agora.

Que o Vosso Reino se manifeste constantemente à face da Terra, através de todo o tempo, nos corações de todos os que são abençoados, que estão em condições de receber essa graça!

Ó Vós, Altíssimo Bem-Amado!

Elevamos nossos corações, nossa visão, nossa consciência a Vós.

Fazei fluir a substância de Vosso Próprio Ser em cada um de nós, de acordo com as nossas necessidades, para seguirmos em Vosso nome e não haver deficiência em Vosso serviço.

Pedimos perdão pelas nossas transgressões à Vossa Lei do Amor e Harmonia, para nós e para todas as pessoas, bem como para as forças dos reinos dos elementais e da natureza.

Dai-nos, agora, a Vossa misericórdia.

Com a Vossa força e o Vosso desejo, queremos perdoar, de nossa parte, as faltas de todos os que nos magoaram desde o início dos tempos!

Não tememos mal algum, porque estais em volta de nós e dentro de nós.

Não existe poder além do Vosso, nada que possa ferir, destruir ou roubar a beleza da vida.

Vós sois a força, o poder no qual trilhamos o caminho da prestação de contas.

Ó Pai da Luz, glorificai-nos em Vosso Próprio Ser e mostrai-nos toda a glória da qual no começo participamos Convosco, antes que o mundo fosse feito.

Assim seja.

* * *

3. PAI NOSSO

Pai Nosso no Céu, santificado seja o Vosso nome; venha a nós o Vosso Reino, seja feita a Vossa vontade, assim na Terra como no Céu.

Dai-nos o pão de cada dia e perdoai as nossas dívidas, assim como nós perdoamos os nossos devedores.

Jamais nos deixastes cair em tentação. Sempre nos Iivrastes do mal.

Pois Vosso é o Reino, o Poder e a Glória para sempre.

Amém.

* * *

4. PERDOAI-ME*

Perdoai-me, ó minha Presença!
Perdoai-me, eu Vos suplico,
Pelo que pratiquei
Com os meus erros contra o amor.
Ajudai-me, para que o puro amor
Reine em meu coração;
Que toda culpa se extermine,
Até que o EU SOU seja
Divinamente livre!
Perdoai-os, ó Grande Presença!
Não vejais os humanos
Pelo que praticaram
Com os seus erros contra o amor.
Ajudai-os, para que o puro amor
Reine em seus corações;
Que toda culpa se extermine,
Até que todos sejam
Divinamente livres!

* * *

* Se apelardes à Lei do Perdão antes de usardes a Chama Violeta, vereis os seus efeitos vibratórios aumentarem consideravelmente.

5. EU SOU a Lei do Perdão e da Chama Transformadora de todo erro que cometi.

EU SOU a Lei do Perdão e da Chama Transformadora de todos os erros da humanidade.

* * *

6. APELO À PROTEÇÃO DO MANTO DE LUZ BRANCA*

EU SOU, EU SOU, EU SOU a Vitoriosa Presença do Onipotente Deus que agora me envolve no meu chamejante e brilhante Manto de Luz Branca, mantendo-me invisível e invulnerável a toda criação humana agora e para sempre! *(três vezes)*

* * *

7. APELO À PROTEÇÃO DA LUZ

Bem-Amada Presença Divina EU SOU em mim e Bem-Amado Maha Chohan: envolvei-me em meu brilhante Manto de Luz Branca. Selai-me em meu chamejante anel de proteção, que me torne invencível e invulnerável a tudo que é humano em mim, em torno de mim e ao que for projetado contra mim, agora e para sempre.

EU SOU! EU SOU! EU SOU!

* * *

* O Manto de Luz desvia de nossa aura e de nosso mundo os pensamentos e sentimentos destrutivos que vagam, constantemente, na atmosfera da Terra e que nos podem afetar seriamente; e afasta as formas-pensamentos errantes de natureza negativa.

Na visualização do Manto de Luz, procurai sentir a vossa Divina Presença EU SOU atrás de vós, com os Seus braços protetores em linha horizontal. O Manto, de cintilações ofuscantes e de luz cristalina, tem a espessura de um milímetro e emana das pontas de Seus dedos, projetando-se sobre o corpo físico mais abaixo. Recomendamos não fechar os olhos durante essas visualizações, mas permanecer contemplando a estampa da Santíssima Trindade.

8. APELO AO MANTO DE LUZ

Bem-Amada Presença Divina EU SOU, reverentemente reconheço Vosso Manto de Substância de Luz Eletrônica que flameja, ininterruptamente, em volta de mim, aumentando mais e mais a minha proteção.

Do centro de Vosso Coração Cósmico, sinto pulsar a Chama Divina do Santo-Ser-Crístico em meu coração físico. A qualquer tempo, visualizo os Raios Dourados, atravessando e preenchendo o meu corpo com qualidades e virtudes divinas para abençoar toda vida.

Aceito a poderosa armadura de Luz que me é oferecida, de forma tão amorável, pelo Arcanjo Miguel e o amparo particular de meu Anjo da Guarda, a mim concedido como uma proteção adicional, no meu serviço à vida.

Apelo à assistência multiplicada dos Bem-Amados Hércules e Amazon; dos Bem-Amados Arcanjo Miguel, Anjo Conrado, Anjo Micah e Mestre Ascensionado El Morya. E peço a todos: mantende-me e ao meu mundo nessa vibração, sustentando-a para que somente se manifeste a Vontade Divina em todas as atividades, em todos os lugares e a toda hora!

EU SOU! EU SOU! EU SOU!

* * *

9. APELO DE PROTEÇÃO AO PRÓXIMO

Bem-Amada Presença Divina EU SOU em... (onde houver reticências, dizer o nome completo de quem desejamos auxiliar) envolvei... em Vosso poderoso Manto de Luz Eletrônica e fazei esse Manto tão invulnerável, que nenhuma desarmonia possa atacar...

Tornai... invencível, invisível, invulnerável e intangível contra tudo que não represente a Vossa Divina Perfeição, mas fazei... altamente receptivo para tudo que provém de Vós.

* * *

Apelos apropriados aos Cerimoniais de Adoração

10. APELO DE PROTEÇÃO CONTRA INFLUÊNCIA ESTRANHA

EU SOU a pureza da Luz presente em todo discípulo, para livrá-lo de qualquer influência estranha que possa atingir um grupo no serviço prestado aos Mestres.

Apelamos a Vós, poderosos Seres do Primeiro Raio: avivai e propagai o Vosso Fogo da Força do Amor através de cada discípulo, e livrai-o de todas as ligações com pessoas e ensinamentos que não estejam em concordância com a instrução da Grande Fraternidade Branca.

Reforçai o poder do discernimento em cada discípulo ou pessoa que ainda não saiba distinguir a Verdade.

Nós Vos agradecemos.

* * *

11. APELO AO ESPÍRITO DA GRANDE FRATERNIDADE BRANCA

Em nome da Bem-Amada Presença Divina EU SOU, apelo à Presença Irradiante do Espírito da Grande Fraternidade Branca, para auxiliar-me a levar avante a atividade da Ponte para a Liberdade. Inundai-me com a força e o poder do discernimento. Mantende-me constantemente sob Vossa orientação, Vossa sabedoria e Vosso amor, a fim de poder irradiar em meu lar a harmonia e a paz. Desse modo, estarei preparado para realizar meu Plano Divino. Serei assim uma

Ponte da Bem-Aventurança, um exemplo divino, por cujo intermédio jorrem os ensinamentos dos Mestres da Grande Fraternidade Branca.

Afirmo em nome do Santíssimo Deus EU SOU que isso logo vai acontecer.

Eu Vos agradeço.

* * *

12. PURIFICAÇÃO DE TODOS OS FOCOS DE LUZ DA PONTE PARA A LIBERDADE

Em nome do poder da Presença Cósmica EU SOU e de Deus-Pai-Mãe, apelamos a Vós, Bem-Amados Arcanjos Miguel e Astrea: flamejai as Vossas espadas cósmicas de Chama Azul na causa e gérmen de tudo que não serve à Luz, em cada Foco de Luz da Ponte para a Liberdade, em volta de seus oficiantes e de todos os discípulos. Seccionai, seccionai, seccionai, purificando, transmutando e sublimando a todos.

Confiantes, agradecemos a realização deste apelo, feito em nome do Altíssimo Deus Todo-Poderoso.

EU SOU! EU SOU! EU SOU!

* * *

13. JUNTO AOS ANJOS

Anjos do amor, Anjos da paz,
   Apelamos a Vós;
Anjos da beleza, Anjos da misericórdia,
Vossa perfeição nos liberte.
Anjos da consolação do Raio Rosa,
Anjos da cura, vinde todos.
Anjos da bondade e da bem-aventurança,
Estamos prontos a servir!
Anjos da sabedoria, da alegria e da vitória,
   Apelamos a Vós;
Anjos da verdade e da mestria,
Vossa iluminação nos liberte.

Anjos da compensação do Raio Dourado,
Anjos da bênção, vinde todos.
Anjos da paz e da perfeição,
Estamos prontos a servir!
Anjos da lealdade, Anjos do poder,
   Apelamos a Vós;
Anjos da firmeza, Anjos da força da
Vontade Divina, óh! libertai-nos!
Bem-Amado protetor do Raio Azul,
Anjos do servir, vinde todos.
Anjos da proteção, da unidade,
Estamos prontos a servir!
Anjos da liberdade, Anjos do amor,
   Apelamos a Vós;
Anjos da misericórdia, do equilíbrio,
Vossa liberdade nos liberte.
Anjos do Raio Violeta
E do perdão, vinde todos.
Anjos da justiça divina,
Estamos prontos a servir!
Anjos da vida, Anjos da Ascensão,
   Apelamos a Vós;
Anjos da Chama Verde, Ouro e Rubi,
Vossa superioridade nos liberte.
Anjos da pureza do Raio Branco,
Anjos do céu, vinde todos.
Anjos da perfeição divina,
Estamos prontos a servir!

* * *

14. APELO AOS ANJOS E DEVAS DOS CERIMONIAIS

Em nome do poder e autoridade do Fogo Sagrado que reside em nossos corações e nos corações de toda a humanidade, invocamos a presença, aqui em nosso meio, dos gloriosos Anjos e Devas dos cerimoniais, bem como dos Anjos da música e da cura, para unirem-se a nós neste Serviço de Adoração.

Suplicamos: extraí das mais altas oitavas de luz, por meio de Vossa poderosa força, o sustento e a vitalidade espiritual para penetrar e transpassar os quatro corpos inferiores da humanidade.

Apelamos aos majestosos serafins, querubins, seres inteligentes e construtores de formas, para criarem modelos perfeitos e idéias divinas em nossa consciência, transformando-se tudo em uma "porta aberta," através da qual possam expandir-se a beleza e a perfeição na Idade de Ouro.

Bem-Amada Estésia e Vossa Fraternidade do planeta Urano, apelamos ao Vosso glorioso Raio do Cerimonial para transmitir à consciência da humanidade e à nossa mente, a sabedoria e a recordação de nossa alegria, que fazem parte do cerimonial do verdadeiro modo de viver.

Auxiliai-nos a tecer o nosso fio de vida no grande tapete da Criação, de modo que todos os nossos pensamentos, palavras e atitudes sejam um cerimonial sagrado de luz a Deus-Pai-Mãe, através do qual se expanda, aqui na Terra, o Reino do Pai.

Somos humildemente gratos pela Vossa assistência cósmica e amável orientação aos povos deste belo planeta – a Terra.

Bem-Amado EU SOU!

* * *

15. APELO PARA ATRAIR À TERRA A LUZ DOS PLANETAS VÊNUS, URANO E MARTE

Em nome da Altíssima Presença Divina EU SOU e em nome do Fogo Criador em cada coração humano, EU SOU a expansão da luz dos planetas Vênus, Urano e Marte que flui dos corações dos Bem-Amados Deuses Solares Hélios e Vesta; dos abnegados dirigentes dos quatro elementos fogo, ar, água e terra; e também da Poderosa Presença EU SOU de todas as emanações de vida que pertencem e servem à Terra. Através de todos esses elevados Seres de Luz, a Grande Fraternidade Branca faz descer à Terra e a seus reinos em evolução o caudal energético da luz de Vênus, Urano e Marte e a essência de suas atividades vibratórias.

Isso eu ordeno em nome do Altíssimo Deus Vivente – EU SOU!

* * *

Primeiro Raio – Chama Azul

16. INVOCAÇÃO

Bem-Amada Presença Divina EU SOU, fonte de toda vida, presente em todos os corações, nós Vos amamos e adoramos!

Sabemos que sois o princípio e a origem de toda vida, nossa razão de ser. Vós sois tudo! Selai-nos em Vossa luz, Vosso amor e Vossa força da Vitoriosa Conclusão!

Fazei Vossa luz e Vosso amor brilharem sobre nós; guardai e protegei-nos, para que andemos sempre no caminho da Verdade. Guiai e conduzi-nos, dando-nos o conhecimento que nos libertará. Permiti que o Vosso amor celestial se manifeste e se irradie sempre, através de nós, para abençoar toda vida que tocarmos. Nós Vos agradecemos.

Bem-Amadas Ascensionadas Legiões de Luz – Mestres Ascensionados, Seres Cósmicos, Serafins, Querubins e Legiões de Anjos; Reino dos Elementais e Grande Fraternidade Branca – e principalmente Vós, poderoso Mestre Ascensionado El Morya; Arcanjo Miguel e Vossas Legiões da Chama Azul, Elohim Hércules e Amazon e todos os que servem no Primeiro Raio: recebei todo o nosso grande amor. Nós Vos rogamos: vinde e permanecei conosco, hoje e sempre, carregando-nos com o Vosso amor, a Vossa fé em Deus e em Sua proteção, e tudo mais que necessitamos.

Confiantes, nós Vos agradecemos.

* * *

17. APELO A SÃO MIGUEL E SUA LEGIÃO DE LUZ

Em nome do poder da Divina Presença EU SOU em nós e na humanidade, apelamos a Vós, poderoso Arcanjo Miguel e Vossa ascensionada Legião de Luz! Ajudai-nos, seccionando toda e qualquer influência maléfica ao nosso redor, em nosso lar, em nossa cidade e país, bem como no mundo. Carregai-nos e à humanidade com a vossa fé e misericórdia, a fim de que, através de nosso esforço, possamos realizar o Plano Divino.

Nós vos agradecemos.

* * *

18. APELO A SÃO MIGUEL, DEUSA ASTREA E ELOHIM HÉRCULES

Em nome de nossa Divina Presença EU SOU, apelamos a Vós, poderosos Arcanjo Miguel, Bem-Amada Astrea e Elohim Hércules! Envolvei-nos em Vossa poderosa armadura de luz azul-branco-cristal, para que nos torne invencíveis e invulneráveis a todas as criações humanas e a tudo que não serve à luz. Nós Vos agradecemos.

Preenchei, com as poderosas irradiações da Chama Azul, os nossos invólucros inferiores, auras, chacra, o nosso mundo, lar e finanças, e mantende-as para sempre. Nós Vos agradecemos. EU SOU! EU SOU! EU SOU!

* * *

19. APELO À PROTEÇÃO DO MESTRE EL MORYA

Bem-Amado Mestre Ascensionado El Morya, nós Vos amamos e reverenciamos, e em nome da imorredoura Presença Divina EU SOU, apelamos: flamejai a Chama Cósmica da Vontade Divina através de nossos quatro invólucros inferiores, através da atividade da Ponte para a Liberdade e de todos os que estão ligados ao trabalho de expansão dos ensinamentos da Grande Fraternidade Branca, transmitidos pela Ponte, e manifestai a Vontade Divina.

EU SOU a perfeição de Deus-Pai-Mãe sustentada para sempre.

* * *

20. OUTRO APELO AO MESTRE EL MORYA

Poderosa Presença Divina EU SOU em meu coração e Bem-Amado Mestre El Morya: envolvei e carregai todo discípulo e buscador da luz com a força e a pureza cósmica, até estabelecer-se o equilíbrio perfeito em seus corpos inferiores.

Aceito a total harmonia em meus sentimentos e ordeno que eles permaneçam prestativos na atividade de cada dia.

* * *

21. OUTRO APELO AO MESTRE EL MORYA

A Vontade de Deus é o Bem!
A Vontade de Deus é harmonia!
A Vontade de Deus é união!
A Vontade de Deus é pureza!
A Vontade de Deus é equilíbrio!
A Vontade de Deus é bondade!
A Vontade de Deus é somente o amor!
A Vontade de Deus é paz!
A Vontade de Deus é a bem-aventurança!
A Vontade de Deus é beleza, juventude e saúde!
A Vontade de Deus é toda a riqueza do Universo!
A Vontade de Deus traz somente o Bem!
Descansai na Chama de vosso próprio coração!
Em nome de El Morya, executai o Plano Divino.

* * *

22. PRECE A SÃO MIGUEL

Bem-Amado Miguel Arcanjo! Defendei-nos nas horas de conflito! Sede a nossa proteção contra toda maldade e tentação de forças visíveis e invisíveis. Enfraquecei-as! Humildemente suplicamos: Príncipe da Legião Celeste, pelo poder de Deus removei da atmosfera da Terra todos os espíritos mal-intencionados que visam a corromper as nossas almas. Assim seja!

* * *

23. APELO AO BEM-AMADO ARCANJO MIGUEL

Em nome da Divina Presença que EU SOU e da Divina Presença da humanidade, apelo à Vossa Presença, Bem-Amado Arcanjo Miguel e Legiões de Luz: seccionai de toda criação humana, de mim, através de mim e em torno de mim, e também dos que são contra mim, todo hábito e tendências imperfeitas! Substituí essas dissonâncias pela pureza, harmonia e perfeição dos Mestres Ascensionados! Eu Vos agradeço.

* * *

24. APELO À BEM-AMADA MESTRA MELISSA

Senhora do dom do sacerdócio e as Legiões de Anjos que A auxiliam:

Amado Manto de Luz Azul,
envolvei-nos.
Vontade Divina em nós,
consagrai-nos.
Senhora Melissa,
Irmã na Luz Celestial,
apelamos a Vós:
concedei-nos rapidamente
o dom do sacerdócio,
para que possamos manifestar a perfeição
em nossos trabalhos ritualísticos.
Anjos do Servir,
Vinde, vinde, vinde.
Anjos do Raio Rosa,
desejamos o Vosso amor
e o poder coesivo de Vossas divindades.
Anjos da Abnegação,
dai-nos a convicção, a dedicação e a Chama da
Perfeição de Vossos bondosos corações.

* * *

INSTRUÇÃO PARA O EMPREGO DA ESPADA DE CHAMA AZUL

Em pé, em vosso quarto, fixai a atenção em vossa poderosa Presença EU SOU. Aquietai-vos completamente; então, levantai o braço e empunhai a vossa espada de Chama Azul. Não importa se a vedes ou não. Depois, senti a mão de vossa Presença pousar sobre a vossa. Então, pedi-Lhe para que seccione todas as Iinhas de força que criastes ao longo de vossas encarnações.

Girai lentamente sobre vós mesmos, fazendo o gesto de cortar todos esses fios magnéticos. Permanecei conscientes do poder invencível de vossa espada de Chama Azul, e vos libertareis, de uma vez por todas, de todo contato com o psiquismo.

Apelai, em seguida, para que sejam consumidos, completamente, através de um raio de Chama Azul, todos os liames até suas extremidades mais afastadas.

Algumas pessoas experimentarão uma sensação de libertação e de repouso – peçam, então, que essa condição seja mantida para sempre.

Este é um serviço de importância extraordinária que podeis prestar a vós mesmos. Não esqueçais que são a autoridade e o poder de vossa Presença EU SOU que atuam, por intermédio de vosso braço humano.

Queridos discípulos, é necessário que o façais. As forças sinistras sempre tiveram resultado neste mundo, em seu propósito de destruir as organizações formadas para a expansão da Luz;entretanto, elas ficam impotentes diante dessa ação de EU SOU.

O ódio das forças destrutivas, geradas pela humanidade, é terrível e amargo. Ele age, algumas vezes, através de indivíduos ainda encarnados. Mas esse é um dos menores perigos a que estais expostos, e não vamos Nos estender sobre o assunto. Vossos apelos ajudam a retirar as entidades desencarnadas da face da Terra – mas ficai sempre em guarda. A expansão de vossa luz será suficiente para manter aquelas entidades à distância, porque elas têm pavor das pontas aceradas da luz.

Alguns discípulos estão necessitando fazer urgentemente estes apelos, porquanto nunca se deve “dormir sobre os louros”.

Saint Germain

25. APELO À PROTEÇÃO DA FLAMEJANTE ESPADA AZUL

Bem-Amada Presença Divina EU SOU em mim e Bem-Amada Astrea, encerrai-me e ao meu mundo em Vosso Círculo Cósmico e Espada da Chama Azul! E afastai de mim todas as entidades, todo temperamento humano, toda substância física, toda criação humana, bem como o que houver em mim e contra mim em forma de perigo ameaçador. Encerrai tudo, dissolvei e transformai, substituindo-o pela Chama Cósmica da pureza, harmonia e perfeição de qualquer forma, e assim mantende-o por toda a eternidade!

* * *

26. APELO À PROTEÇÃO DA ESPADA AZUL E ÀS FORÇAS DA LUZ

Em nome da Presença Divina EU SOU, apelamos à flamejante Espada Azul dos Bem-Amados Arcanjo Miguel e Deusa Astrea; apelamos, também, ao grande Anjo Conrado e às Legiões Angélicas que estão sob Seu comando: seccionai, com a flamejante Espada Azul, da consciência e dos corpos dos seres humanos, as causas e efeitos de toda energia divina mal qualificada, antes que esta possa agir, manifestando-se perigosamente no corpo e na mente do ser humano. Dissolvei-a, substituindo-a, instantaneamente, pelo Plano Divino e mantende esse plano equilibrado, sustentando-o para sempre.

* * *

27. OUTRO APELO À FLAMEJANTE ESPADA AZUL

Em nome da Presença Divina EU SOU, apelamos a Vós, Bem-Amada Astrea e aos Anjos da flamejante Espada Azul: estendei o Vosso círculo protetor de energia cósmica em volta de todos os planejamentos que se destinam a prejudicar a vida e o bem-estar dos homens, bem como em torno do autor desses planos malignos.

Recorremos, ainda, à ação da energia cósmica para neutralizar qualquer erro e suplicamos: passai Vossas flamejantes Espadas Azuis em volta e através de tudo que não serve à Luz.

Nós Vos agradecemos.

* * *

28. INVOCAÇÃO AO RAIO AZUL DO GRANDE SOL CENTRAL

Em nome da imorredoura Chama Trina presente em cada coração humano, apelamos a Vós, Bem-Amado Arcanjo Miguel, Bem-Amada Astrea e todas as Legiões Angélicas da flamejante Espada Azul: vinde e arremessai o Raio Azul do Grande Sol Central na densa camada de energia deletéria, que vem se avolumando desde o início dos tempos. Arremessai-o em todos os registros etéricos; na massa do carma acumulado pelos povos; em tudo que não serve à Luz.

Lançai o Raio Azul sobre todas as forças ativantes da multidão de seres maléficos que oprimem e perseguem os homens.

Arrojai o Raio Azul em todas as consciências desequilibradas e nos quatro invólucros inferiores da humanidade.

Destruí, com o Vosso poderoso Raio Azul, os centros* inferiores daqueles que dissiparam a energia divina e transformai tudo em Luz.

* * *

29. APELO DE PROTEÇÃO CONTRA AS FORÇAS MALÉFICAS

Arcanjo Miguel e Legiões de Luz *(três vezes),* salvai, salvai, salvai... do malefício e seccionai todas as ligações que estão em torno dele(a) com Vossas Espadas de Chama Azul.

Seccionai, seccionai, seccionai, libertai-o(a) e protegei-o(a).

EU SOU! EU SOU! EU SOU!

Nós Vos agradecemos, Arcanjo Miguel, o apelo a que atendestes.

* * *

* Vórtices de energia.

30. APELO AO CÍRCULO DE FOGO DA BEM-AMADA ASTREA*

Bem-Amada Astrea, purificai o reino do astral; aplicai o Vosso círculo de fogo em torno de cada alma que clama pela luz. Consumi todos os cascões e formas-pensamentos nocivas que vagueiam.

EU SOU! EU SOU! EU SOU!

Eu Vos agradeço, ó Bem-Amada Astrea, por atenderdes a este apelo.

* * *

31. APELO À BEM-AMADA ASTREA E SEU CÍRCULO DE CHAMA AZUL

Astrea, Bem-Amada, aplicai o Vosso Círculo de Chama Azul em torno dos hospitais; aplicai-o, aplicai-o, aplicai-o.

Astrea, Bem-Amada, aplicai o Vosso Círculo de Chama Azul em torno dos cemitérios; aplicai-o, aplicai-o, aplicai-o.

Astrea, Bem-Amada, aplicai o Vosso Círculo de Chama Azul em torno dos presídios; aplicai-o, aplicai-o, aplicai-o.

Eu peço e comando que este apelo seja atendido com a rapidez do relâmpago pela Luz do Grande Sol Central.

(Podeis modificar os termos, por exemplo: em torno dos tribunais, em torno dos cinemas, em torno dos bailes e das boates, etc., aplicai-o, aplicai-o, aplicai-o).

* * *

* Todos os dias, procurai fazer este apelo. Libertareis, assim, as almas errantes e as pessoas que se encontram sob a influência maléfica das hordas trevosas.

32. APELO ÀS BOMBAS DE CHAMA AZUL

Bombas de Chama Azul dos milhares de sóis *(três vezes)* sobre... tombai; tombai, tombai, tombai.*

Eu peço e comando que este apelo seja atendido com a rapidez do relâmpago pela luz do Grande Sol Central.

(Podeis substituir o termo por: relâmpagos, tempestades, tornados, ciclones, rajadas, ondas, torrentes, chuvas.)

* * *

* A Chama Azul é purificadora. Ela queima e consome toda partícula impura que intercepta a luz; ela cerca a discórdia e purifica a matéria. Podeis pedir ao Elohim Claire e Seu Complemento Divino, à Bem-Amada Astrea, e a todos os Mestres e Seres Cósmicos cercarem de Chama Azul os redutos das trevas, transpassá-los e purificá-los. Podeis pedir à Vossa Presença levantar Sua mão e enviar jatos de Chama Azul a toda pessoa, lugar e situação que necessite da intervenção divina. Podeis pedir-Lhe que lance uma bomba de Chama Azul, ou um tornado, uma tempestade ou um relâmpago. Nada resiste a essa atividade da Luz Cósmica, nada pode subsistir que não seja Luz. Depois de sua passagem, tudo fica em ordem, tudo é felicidade e perfeição. Fazei-a passar através dos seres humanos, através de suas células, veias ou nervos; através da discórdia e do ódio, da doença, da guerra, da inveja, da calúnia e da crítica.

33. APELO A HÉRCULES

Em nome e pelo poder de Hércules,eu quero ser um Mestre Divino! Eu quero ser uma Incorporação Divina e o próprio EU SOU em ação.

EU SOU a Vontade de Hércules,
EU SOU a Sua plena irradiação.
EU SOU a Vontade de Hércules,
EU SOU a Sua paz cósmica.
EU SOU a Vontade de Hércules,
EU SOU o Seu poder cósmico.
EU SOU a Vontade de Hércules;
Ele reforça esta Vontade em mim a cada hora!

EU SOU a Proteção de Hércules,
EU SOU a Sua plena irradiação.
EU SOU a Proteção de Hércules,
EU SOU a Sua paz cósmica.
EU SOU a Proteção de Hércules,
EU SOU o Seu poder cósmico.
EU SOU a Proteção de Hércules;
Ele reforça essa Proteção em mim a cada hora!

EU SOU a Força de Hércules,
EU SOU a Sua plena irradiação.
EU SOU a Força de Hércules,
EU SOU a Sua paz cósmica.
EU SOU a Força de Hércules,
EU SOU o Seu poder cósmico,
EU SOU a Força de Hércules;
Ele reforça essa Força em mim a cada hora!

EU SOU a Força de Hércules, EU SOU a minha ilimitada força e poder.

Nunca desanimo!

(Repetir o apelo, empregando as palavras "amor", "pureza", "saúde", "abundância", "paz", etc.)

* * *

34. APELO AO BEM-AMADO ELOHIM HÉRCULES

Bem-Amada Presença Divina EU SOU em mim, poderoso Hércules e Divina Amazon, projetai o *momentum* pleno e concentrado de Vossa Chama e Raio Azul dentro do núcleo coesivo de cada corpo elemental que foi ou vai ser desembaraçado de qualquer ser humano agora. **Libertai** *(três vezes)* os elétrons e os átomos de tais corpos elementais com o poder purificador da Transmutadora Chama Violeta, sob a direção do Mestre Ascensionado Saint Germain e conduzi logo esses corpos ao Templo da Ascensão, onde possam aprender a origem de seus seres, e receber a recompensa pelo serviço prestado às almas que neles habitaram.

Zelai para que nenhum deles jamais venha a servir nas criações destrutivas de qualquer emanação de vida, dentro, sobre e em torno deste planeta. Que recebam a sua vitória eterna e, através da misericórdia de Deus e dos Senhores do Carma, alcancem a individualização como Seres Divinamente Livres, com livre-arbítrio para servirem à Presença Divina EU SOU. Assim seja! Bem-Amado EU SOU!

* * *

Segundo Raio – Chama Dourada

35. INVOCAÇÃO

Bem-Amada Presença EU SOU, fonte de tudo o que existe, presente em todos os corações, nós Vos amamos e adoramos. Sabemos que toda vida Vos pertence e que nos dais nossa vida, nossa inteligência e nossa substância. Selai-nos em Vossa Luz, em Vosso amor e em Vossa força vitoriosa, para que, assim defendidos, possamos trilhar, com segurança, o Caminho; guiai-nos em direção à verdade e à iluminação que nos hão de libertar. Que o Vosso Amor Divino permaneça sempre conosco, irradiando-se através de nós para abençoar toda vida que contactarmos. Nós Vos agradecemos. EU SOU! EU SOU! EU SOU!

Poderosas e Bem-Amadas Legiões de Luz; Vós, Mestres Ascensionados e Seres Cósmicos, Sete Arcanjos, Sete Chohans, Sete Elohim, Hierarquia Angélica, Reino dos Elementais e da Natureza, Grande Fraternidade Branca; e principalmente Vós, Mestre Kuthumi, Deus e Deusa Meru, Mestre Vitória, Arcanjo Jofiel e Constância, Elohim Cassiopéia e Minerva, e todos os que servem no Segundo Raio: apresentamos a Vós as nossas súplicas; vinde e permanecei conosco nestas instruções. Carregai-nos com o Vosso amor e iluminação, a Vossa sabedoria e a Vossa paz, e mantende-as para sempre.

Nós Vos agradecemos.

EU SOU! EU SOU! EU SOU!

* * *

36. APELO AO BEM-AMADO MESTRE KUTHUMI

Bem-Amada Presença Divina EU SOU em mim e Bem-Amado Mestre Ascensionado Kuthumi: esta noite, enquanto o meu corpo físico estiver adormecido, mandai-me um mensageiro para conduzir-me até Vós em meus corpos sutis. Isso feito, ensinai-me a mergulhar completamente na Chama Dourada da Iluminação e preenchei a minha consciência com tudo o que devo saber, a fim de realizar o meu Plano Divino. Providenciai, após, a minha volta ao corpo físico com a recordação perfeita dessas instruções, a fim de que o conhecimento seja real e prático, possibilitando-me a mestria no meu próprio mundo, a fim de que eu seja um melhor veículo para os Mestres Ascensionados e meus companheiros. Eu confio plenamente que isso seja realizado, Bem-Amado EU SOU!

* * *

37. APELO AO MESTRE KUTHUMI PARA MANIFESTAR-SE A SABEDORIA EM NOSSAS VIDAS

Bem-Amado Kuthumi,
Mestre da Sabedoria e do Amor:
ajudai-me a manifestar
a sabedoria em meu coração.
Guiai-me nessa sublime aspiração;
deixai que os conhecimentos cósmicos
cheguem até mim.
EU SOU uma Ponte de Luz
na extremidade terrena;
Vós sois a outra
nas oitavas de Luz.
Peço um intercâmbio:
que a Vossa gloriosa Luz
possa chegar até mim e inundar a minha vida!
Bendita seja
a Vossa flamejante Luz Dourada.
Amém.

* * *

38. PRECE DO BEM-AMADO KUTHUMI (em Sua encarnação como São Francisco de Assis)

Senhor, fazei-me instrumento de Vossa paz;
onde haja ódio,
consenti que eu semeie amor;
perdão, onde haja injúria;
fé, onde haja dúvida;
esperança, onde haja desespero;
luz, onde haja escuridão;
alegria, onde haja tristeza!
Oh! Divino Mestre,
Permiti que eu não procure tanto
ser consolado, quanto consolar;
ser compreendido, quanto compreender;
ser amado, quanto amar;
porque é dando que recebemos;
perdoando, que somos perdoados;
e é morrendo que nascemos para a Vida Eterna.
Amém.

* * *

39. APELO AO BEM-AMADO MESTRE VITÓRIA

Bem-Amado Mestre Vitória, em nome de nossa Presença Divina EU SOU, apelamos à Vossa poderosa Chama Dourada, que traz à luz do dia a solução de todos os problemas da humanidade.

Flamejai-A através e em torno de todas as divergências, orientando, com o Seu poder, os governos de todos os países, para que haja compreensão, harmonia, paz e união entre todos os povos na Vitoriosa Conclusão na Luz.

EU SOU a Vitoriosa Manifestação da Vontade Divina neste planeta e em toda a sua evolução.

EU SOU a Vitoriosa Conclusão na Luz!

* * *

40. AFIRMAÇÃO

Em nome do Bem-Amado Mestre Vitória, afirmo: não aceito mais quaisquer limitações ou condições terrenas nocivas.

Meu poderoso EU SOU assume a ordem sobre o meu ser externo e o conduz à obediência, zelando para eu não sentir nenhuma desarmonia.

EU SOU a Vitoriosa Conclusão do Mestre Vitória.

* * *

41. APELO AO BEM-AMADO MESTRE LANTO

Bem-Amada Presença Divina EU SOU em mim e Bem-Amado Mestre Lanto, carregai-me com a Vossa grande veneração pela vida e ensinai-me a praticar somente o bem em meu mundo. EU SOU a precipitação visível da Presença Divina da iluminação e perfeição, agora, no meu mundo. EU SOU! EU SOU! EU SOU!

* * *

42. APELO AOS SENHORES DOS MANTOS DOURADOS

Em nome da Presença Divina EU SOU e com a força magnética do Fogo Sagrado que habita em nós, apelamos aos magnânimos e Bem-Amados Deus e Deusa Meru, Mestre Lanto e Instrutores dos Mantos Dourados: dirigi a Chama Dourada através de todas as pessoas, preparando-as para peregrinarem na trilha da luz. Auxiliai-as a perceber a Vossa Chama da Iluminação, incorporando-a em seus sentimentos e pensamentos.

Agradecemos a realização deste nosso apelo!

* * *

43. APELO AO BEM-AMADO SENHOR GAUTAMA

Bem-Amado Senhor Gautama, guiai-nos ao Caminho da Luz, para que possamos manifestar o Vosso amor e misericórdia.

Durante séculos vindes preparando-Vos para ocupar o cargo do

Bem-Amado Sanat Kumara, cujo amor e dedicação mantiveram o equilíbrio da Terra.
A potente força da luz transpassa todos os corações; assim, uns após outros, alcançaremos o nosso objetivo.

* * *

44. APELO AO BEM-AMADO SENHOR GAUTAMA

Em nome e com a autoridade da Presença Divina EU SOU em nós, apelamos a Vós, majestoso e magnânimo Senhor Gautama: preenchei o nosso mundo com o Vosso equilíbrio perfeito e auxiliai-nos a trilhar sempre o Caminho do Meio. Cumulai o nosso mundo de paz, harmonia e amor no servir, para que possamos vigiar e manter inalterado o controle de nossa energia. Auxiliai-nos a conservar a dignidade e o autodomínio de nossos atos. Queira realizar-se, para todo discípulo da Era da Liberdade, aquilo que pedimos para nós.

* * *

45. APELO AO ARCANJO JOFIEL*

Em nome de nossa Presença Divina EU SOU e com a Sua autoridade, apelamos a Vós, Bem-Amados Arcanjo Jofiel e Constância, Vosso complemento divino, para auxiliar-nos a divisar a Idéia Divina que se encontra na Chama Crística de nossos corações.

Avivai a luz interna da Chama Dourada da Iluminação e transpassai, transpassai, transpassai os nossos corpos físico, etérico, emocional e mental com a penetrante luz dourada da Sabedoria Divina, abrindo-nos o caminho do conhecimento, para que executemos todas as nossas tarefas com perfeição. Selai-nos na luz de Vossos corações.

Agradecemos o Vosso serviço prestado à humanidade.

* * *

* Ao fazer este apelo, visualizai-vos dentro de um pilar de Chama Dourada.

Terceiro Raio – Chama Rosa

46. INVOCAÇÃO

Poderosa e Bem-Amada Presença Divina EU SOU, fonte de tudo o que existe, presente em todos os corações, nós Vos amamos e adoramos.

Nós Vos reconhecemos como a única doadora de nossas vidas, de nossa inteligência, de nossa substância e de tudo. Selai-nos em Vossa luz, em Vosso amor e perfeição vitoriosa! Chamejai a Vossa luz e o Vosso amor através de nós e preparai-nos o caminho, a fim de que possamos seguir constantemente a trilha da Luz. Guardai-nos e protegei-nos, conduzindo-nos e dando-nos a Iluminação que liberta! Auxiliai-nos a reconhecer sempre a Vossa manifestação, e que em todo o tempo, EU SOU seja ativo em nós.

Bem-Amadas e Ascensionadas Legiões de Luz, Mestres Ascensionados e Seres Cósmicos e principalmente Vós, Maha Chohan, Bem-Amada Rowena, Deusa da Liberdade, Samuel e Caridade, Órion e Angélica e todos os que servem no Raio Rosa, nós Vos enviamos o amor de nossos corações e as nossas súplicas: selai-nos num pilar de Vossa Chama Rosa do Amor Divino e mantende-o para sempre. Nós Vos agradecemos.

* * *

47. APELO À CHAMA ROSA

Em nome da Divina Presença EU SOU e com o poder da força magnética presente no Fogo Sagrado, apelo a Vós, Bem-Amado Deus Himalaya, à amorável Mestra Rowena, aos Bem-Amados Arcanjo Samuel e Caridade, à amorável Nada, aos Bem-Amados Órion e

Angélica, no sentido de preencherem este sagrado santuário com o Amor Divino e enviarem os Seus Amigos que atuam no Raio Rosa para **carregarem com a Chama Rosa do puríssimo Amor Divino** *(três vezes)* cada átomo deste prédio desde o alicerce até o telhado. Carregai também a minha família, minha propriedade (e automóvel, se possuir), os meus quatro invólucros e todos com quem, de qualquer forma, estou ligado, com a Chama Rosa do Amor e auxiliai-me a sustentar essa gigantesca atividade com mais irradiações da força sempre crescente deste *momentum* de amor.

Auxiliai-me a fazer sobressair a Chama Rosa, pertencente à Chama Trina de meu coração, como uma bênção para tudo e para a vida que entrar em contato comigo. Peço isso também para cada discípulo da Ponte, onde estiver.

Confiante, agradeço o atendimento deste apelo. EU SOU! EU SOU! EU SOU!

* * *

48. APELO

Bem-Amada Presença Divina EU SOU em mim e Bem-Amados Mestra Rowena, Arcanjo Samuel e Caridade, Elohim Órion e Angélica e todos os que servem no Raio do Amor: ensinai-me a amar assim como Vós! Ajudai-me a expressar-Vos o meu sentimento de gratidão e o da humanidade, para que o lar de nossas almas seja um ambiente feliz, amoroso e harmonioso. Bem-Amado Pai Celeste e Anjos do Amor, ajudai-me a amar livremente toda vida, assim como o fez o Mestre Jesus.

Por Deus, o Grande Amor!
EU SOU! EU SOU! EU SOU!

* * *

49. APELO

Em nome de nossa poderosa Presença EU SOU e dos abençoados Mestra Rowena, Arcanjo Samuel e Elohim Órion, imploramos à Chama Rosa do puro Amor Divino: flamejai o harmonioso e puro Amor

Divino e inundai a Terra e a humanidade com essas vibrações, possibilitando a toda pessoa transformar-se em um luminoso Foco de Luz dessa divina virtude.

EU SOU o poder do puro Amor Divino, que dirige todos os acontecimentos sobre a Terra, conduzindo-os à perfeição.

(Repetir três vezes.)

* * *

50. APELO AO BEM-AMADO ARCANJO SAMUEL

Em nome e com a autoridade da Presença Divina EU SOU, presente em nossos corações, apelamos a Vós, Bem-Amados Arcanjo Samuel e Caridade, Vosso complemento divino, para auxiliar-nos a irradiar amor à humanidade, preparando-a para a grande mudança cósmica.

Flamejai a Chama Rosa do puro Amor Divino através de nossos quatro corpos inferiores, aliviando o nosso fardo cármico através da Lei da Compensação e ascensionando tudo na Luz.

Gratos, reverenciamos a Chama do Amor.

* * *

51. AMOR

Amorável Rowena! Irmã na Luz!
Transmiti-nos a beleza do amor celestial.
Sois tão boa, paciente e compreensiva...
Bela Rowena, nós Vos amamos.
Queremos conhecer o sentido da vida.
Ajudai-nos a ser guardiães de nossos irmãos.
Onde houver trevas, espargi ao máximo o amor.
Auxiliai-nos, Legiões Celestes, a redimir a dor.
Amorável Rowena, fazei-nos fortes e firmes:
Exercitai o poder do amor para remir os defeitos.
Ao Vosso serviço amoroso, que é distribuído a todos,
E à glória de Deus, apelamos agora.
Deusa da Liberdade, abençoai este amor.

Nossa Amiga e Irmã - Ó Amada Rowena,
Sois poder e força em cada dia abençoada.
Amamos o Terceiro Raio e nossa bela Rowena.

* * *

52. APELO

Poderosa e Divina Presença da vida, amor, sabedoria e poder: jorrai a essência divina do amor na aura e no mundo de toda emanação de vida sobre a Terra.

Iluminai a humanidade; que ela sinta o Amor Divino e a bem-aventurança e provai que sois a Vida presente em todas as coisas.

EU SOU, sempre e em todas as horas, a expansão do amor e da bem-aventurança. *(Repetir três vezes.)*

* * *

Quarto Raio – Chama Branca

53. INVOCAÇÃO

Poderosa Presença Divina EU SOU, fonte de tudo o que existe, presente no coração da humanidade, nós Vos amamos e adoramos! Nós Vos reconhecemos como a doadora de nossa vida, inteligência e substância, de tudo o que somos; a provedora de tudo o que possuímos.

Mantende-nos selados em Vossa luz, amor, sabedoria e poder da vitoriosa realização!

Guardai e protegei-nos; guiai e conduzi-nos, e dai-nos a iluminação da Verdade, para que sejamos livres por meio da vitoriosa Ascensão.

A todos Vós, Bem-Amados Mestres Ascensionados, Grandes Seres Cósmicos, Sete Elohim, Sete Arcanjos, Sete Chohans e especialmente Vós, Bem-Amados Saint Germain, El Morya, Diretor Divino, Jesus, o Cristo, Mãe Maria, João, o Evangelista, Maha Chohan, Serapis Bey, com a Sua Fraternidade de Luxor, e todos os que servem no Quarto Raio, enviamos o nosso amor.

Ouvi o apelo de nossos corações! Amparai cada um de nós, para que possamos conquistar a nossa Ascensão no fim desta encarnação.

Flamejai a Chama da Ascensão através de cada partícula de nossos corpos físico, etérico, emocional e mental, e através de todas as nossas aspirações; e imprimi tudo em Vossa grande perfeição.

Nós Vos agradecemos!

* * *

54. APELO À CHAMA DA ASCENSÃO

Em nome da Presença Divina EU SOU, prosternamo-nos, reverentes, ante a Chama Trina da vida de cada ser humano, e apelamos à força cósmica da Chama da Ascensão.

Bem-Amado Mestre Serapis Bey, expandi e elevai a vibração do puro Amor Divino nos corações de todos os homens.

Inclinamo-nos ante a Vossa bênção, Bem-Amado Mestre Serapis Bey.

* * *

55. APELO AO BEM-AMADO MESTRE SERAPIS BEY

Bem-Amada Presença Divina EU SOU, prosternamo-nos ante o altar da sublime e harmoniosa Chama Trina da vida em nossos corações. Desta sagrada câmara, invocamos a força da Chama da Ascensão, para aumentar e elevar, agora, a vibração do autêntico Amor Divino.

Bem-Amado Serapis Bey, plenos de amor, apelamos à Vossa Presença. Majestoso Ser de Luz, expandi a Vossa Chama radiante nos corações de todos os seres humanos, de modo que a melodia do Amor Divino possa ressoar no plano terrestre.

EU SOU, com humildade, a porta aberta através da qual o Vosso grande amor pode propagar-se. Em nome do Santo-Ser-Crístico, em nós e em todo ser humano, somos eternamente gratos, Bem-Amado Serapis Bey.

EU SOU! EU SOU! EU SOU!

* * *

56. AFIRMAÇÃO

EU SOU a ressurreição e a vida do reconhecimento e aceitação do devotamento de meu ser ao serviço prestado à Luz. *(três vezes)*

Aguardo silenciosamente a acelerada Chama da Ascensão e a abundância de todos os bens.

Em nome do Santíssimo Deus EU SOU.
Em nome do Santíssimo Deus EU SOU.
Em nome do Santíssimo Deus EU SOU.

* * *

57. APELO AO BEM-AMADO MESTRE SERAPIS BEY

Em nome de nossa Presença Divina EU SOU, apelamos a Vós, magnânimo e poderoso Mestre Ascensionado Serapis Bey: fazei resplandecer a Vossa Chama Cósmica da Pureza através de nossos invólucros, de modo que, com esse auxílio, possam realizar-se a transmutação e renovação da Terra.

EU SOU o EU SOU neste apelo, e o preenchemos e o mantemos inalterado.

* * *

58. APELO PARA A MANIFESTAÇÃO DA CONSCIÊNCIA CRÍSTICA

Bem-Amado Serapis Bey, Bem-Amada Astrea e Bem-Amado Claire.

Humildemente, apelo à Vossa poderosa Presença EU SOU: flamejai, flamejai, flamejai a Chama Cósmica da Pureza Crística através de minha aura, de meu corpo emocional e mental, através de meu corpo etérico e de cada célula de meu corpo físico. Expanda-se a Vossa luz da pureza até desaparecerem todas as trevas de origem humana.

Bem-Amado Santo-Ser-Crístico, reforçai a luz do Cristo Cósmico em minha consciência externa, até manifestar-se a Vossa Presença Interna. Assim deve ser, porque EU SOU a poderosa Força Divina que atua agora, para sempre sustentada. Com profunda veneração, entrego ao meu Santo-Ser-Crístico EU SOU todo pensamento, sentimento, palavra e atividade que não tenha a pureza do Cristo Cósmico. Transponho o Portal Dourado da Divindade e, no Coração da Chama da Pureza, reivindico a minha herança!

EU SOU eternamente livre! EU SOU eternamente livre! EU SOU eternamente livre!
Ó grande EU SOU universal!

* * *

59. APELO À CHAMA DA PUREZA

Em nome do poder do Fogo Sagrado em nossos corações, apelamos aos poderosos amigos da luz, Bem-Amados Mestre Serapis Bey, Elohim Claire e Astrea: fazei jorrar a divina Chama Cósmica da Pureza Crística através de nossos quatro corpos inferiores e de nossa aura, e com o poder da força da luz, expandi a pureza em todas as células, até desaparecerem as trevas geradas pelo próprio homem.

Suplicamos ao Santo-Ser-Crístico reforçar, em cada um de nós e na humanidade, a luz do Cristo Cósmico, até estabelecer-se, para sempre, a Divina Presença.

EU SOU a Força Divina Universal que atua, agora sustentada para sempre.

EU SOU! EU SOU! EU SOU!

* * *

60. OUTRO APELO À CHAMA DA PUREZA

Com o poder e a autoridade do Fogo Sagrado, que reside em nossos corações, apelamos à poderosa presença dos majestosos Elohim da Pureza, os Bem-Amados Claire e Astrea, do Arcanjo Gabriel e Seu complemento divino Esperança: carregai-nos, carregai-nos, carregai-nos com a penetrante Chama Cósmica da Pureza Crística.

Selai-nos dentro de um campo de força que transforme, instantaneamente, toda vibração desarmônica, onde quer que estejamos.

Ordenamos expandir a pureza em cada célula de nosso ser e sustentar, para sempre, a atividade vibratória da Consciência Crística.

Poderosa Chama da Pureza, suplicamos a Vossa virtude; chamejai-a em volta e através de nós, ascensionando e elevando-nos às oitavas mais altas!

Que a Luz Divina manifeste, constantemente, a perfeição!

EU SOU! EU SOU! EU SOU!

* * *

61. INVOCAÇÃO À FLAMEJANTE LUZ BRANCA OVALADA

Com o poder e a autoridade da Bem-Amada Presença Divina EU SOU, apelo a Vós, Bem-Amado Elohim da Pureza: eu Vos amo, louvo e agradeço o grande serviço que tendes prestado a mim e à humanidade. Encerrai-me, encerrai-me, encerrai-me e a todos os homens em Vossa pureza oval, e flamejai a Luz Branca que afasta qualquer corrente de energia que possa rebaixar a freqüência vibratória de meu corpo.

EU SOU quem ordena à pureza penetrar em cada elétron de minha aura, de meus corpos físico, etérico, emocional e mental. A pureza deve agora expandir-se, expandir-se, expandir-se em torno de mim, e todas as limitações e trevas de meu mundo se dissolverão.

Agradeço a realização deste apelo, feito em nome da Divina Presença EU SOU.

* * *

62. APELO AO ELOHIM CLAIRE

Bem-Amada Presença Divina EU SOU em mim e Bem-Amado Claire: Vós, grande Elohim da Pureza, carregai, carregai, carregai cada partícula do meu mundo de sentimento e pensamento e os meus corpos etérico e físico com a Vossa Chama Cósmica da Pureza; purificai, purificai, purificai todo o meu ser,o meu mundo e as minhas atividades, mantendo-me selado em Vossa pureza oval, três metros em cada direção. Peço isso também para os meus entes queridos e para a humanidade em geral.

* * *

63. APELO ÀS FORÇAS DA LUZ PARA SOLUCIONAR OS PROBLEMAS HUMANOS

Ó Deus Todo-Poderoso, presente em nossos corações, ó nosso Mestre Serapis Bey, dai-nos a Vossa indiferença em relação aos problemas humanos, a fim de que guardemos muito amor e não venhamos a oprimir os homens com a nossa incompreensão; fazei-nos compreender que colocar uma cruz é suficiente para a solução desses problemas pelas Potências da Luz.

Rogamos que este apelo seja atendido.

EU SOU! EU SOU! EU SOU!

* * *

64. APELO AO BEM-AMADO MESTRE SERAPIS BEY PARA ALCANÇAR A SUA COMPREENSÃO ANGÉLICA

Ó Deus Todo-Poderoso, presente em nossos corações; Bem-Amado Mestre Serapis Bey, derramai sobre nós a Vossa compreensão angélica e o Vosso discernimento divino, a fim de que possamos cumprir a nossa tarefa sem nos ocuparmos de seus resultados em relação aos humanos.

Agradecemos o atendimento deste apelo.

EU SOU! EU SOU! EU SOU!

* * *

65. OUTRO APELO AO MESTRE SERAPIS BEY

Ó Deus Todo-Poderoso, presente em nossos corações, ó Bem-Amado Mestre Serapis Bey, tornai-nos insensíveis aos problemas dos homens que devemos marcar com uma cruz, para os assinalar à proteção das Potências da Luz.

EU SOU! EU SOU! EU SOU!

EU SOU! EU SOU a lei da cruz que colocamos sobre os humanos.

Pedimos que este apelo seja atendido.

* * *

Quinto Raio – Chama Verde

66. APELO AOS GRANDES SERES DO QUINTO RAIO

Poderosa Presença Divina EU SOU, fonte de tudo o que existe, presente em todo o tempo e espaço e nos corações de todos os humanos: nós Vos amamos e adoramos!

Nós Vos reconhecemos como o Todo, o único doador de nossa vida, inteligência e substância. Selai-nos na força da Vitoriosa Conclusão e banhai-nos em Vossa luz e amor. Manifestai-Vos em todas as horas, para que possamos ser Vós Próprio em ação.

Protegei e guardai-nos; conduzi e guiai-nos, e dai-nos a iluminação que nos libertará.

Bem-Amadas Legiões de Luz, Mestres Ascensionados, Seres Cósmicos, Sete Elohim, Sete Arcanjos, Sete Chohans, e especialmente Vós, Bem-Amado Mestre Ascensionado Hilarion, Arcanjo Rafael e Mãe Maria, Elohim Vista e Crystal, e todos os que servem no Quinto Raio: recebei o amor de nossos corações e carregai-nos com a Vossa verdade, e com a poderosa Chama da Concentração, mantendo-a para sempre. Nós Vos agradecemos.

* * *

67. APELO AOS SERES DO RAIO DA CURA

Em nome da Presença Divina EU SOU, apelamos a Vós, Bem-Amado Mestre Hilarion e a todos os Seres do Raio da Cura: dirigi as Vossas energias curadoras através de nossos pensamentos e sentimentos, através de cada célula do nosso corpo físico, para que possamos ser perfeitamente saudáveis, tornando-nos instrumentos adequados ao serviço prestado à Legião Ascensionada.

Aquilo que pedimos para nós, também pedimos para os nossos entes queridos, principalmente... (citar o nome completo). Enviai a Vossa Legião Angélica da Cura aos hospitais e sanatórios, e a todo ser sofredor sobre a Terra.

Nós Vos agradecemos.

* * *

68. APELO AO RAIO DA CURA

Em nome de nossa Presença EU SOU, apelamos a Vós, Bem-Amado Mestre Hilarion, e aos poderosos Seres do Raio da Cura: elevai a consciência de todos os médicos e pesquisadores do campo da medicina e abençoai-os; dai-lhes sabedoria e iluminação, para que possam perceber e diagnosticar, com exatidão, as enfermidades das criaturas, aplicando o tratamento correto para a obtenção da cura, já preparada por Vós.

* * *

69. APELO À CHAMA VERDE DA CURA

Em nome do Bem-Amado Mestre Hilarion, apelamos à Chama Verde da Cura e da Verdade: derramai as Vossas virtudes em cada célula de nosso corpo, fazendo vir à tona a verdade sobre a desarmonia reinante entre as células que compõem os seus órgãos, e manifestai a cura plenamente realizada.

Poderoso EU SOU, assumi o comando sobre o nosso eu externo e auxiliai-nos a conservar a nossa saúde.

Nós Vos agradecemos.

* * *

70. OUTRO APELO À CHAMA VERDE DA CURA

Em nome e com o poder de minha Divina Presença EU SOU, apelo a Vós, Bem-Amado Mestre Ascensionado Hilarion, à Bem-Amada Mãe Maria, ao Arcanjo Rafael e ao Elohim Vista pela Chama Verde da Cura: flamejai, flamejai, flamejai a Chama Verde da Cura através de cada molécula e célula de meu corpo físico, e manifestai a cura plenamente realizada.

Confio no poder que realiza esta cura para sempre. *(três vezes)*

E Vos agradeço.

* * *

71. APELO DE PROTEÇÃO A ENFERMO HOSPITALIZADO*

Ó Chama de Ouro** do Grande Sol Central, aplicai um círculo de fogo em torno do leito de... e protegei-o, protegei-o, protegei-o.

Ó Chama Verde do Grande Sol Central, descei no quarto de... e protegei-o, protegei-o, protegei-o, protegei-o.

Ó Chama Violeta do Grande Sol Central, enchei todo o hospital onde está... e protegei-o, protegei-o, protegei-o, protegei-o.

Ó Chama Azul do Grande Sol Central, tomai a forma de um zimbório sobre o hospital onde está... e protegei-o, protegei-o, protegei-o, protegei-o.

EU SOU! EU SOU! EU SOU!

* * *

* Têm sido observadas, nas dependências de hospitais, manicômios etc., invasões de entidades do astral inferior que estabelecem hospedagem no local. Algumas são frívolas, outras zombeteiras e ainda outras ociosas; mas a grande maioria é constituída por seres de comportamento perverso que vampirizam as energias dos enfermos ali recolhidos.
Recomenda-se invocar as chamas para proteção dos pacientes, a fim de não só impedir que sejam vampirizados, como também diluir as formas-pensamentos imperantes; e os vibriões resultantes das ideoplastias habituais daqueles grupos perturbadores (e mesmo de alguns doentes).
O efeito benéfico das chamas impede a assimilação contínua de substâncias enfermiças, renova a disposição e as defesas orgânicas e mentais dos enfermos.

** A Chama de Ouro (assim como a Chama Rosa) substitui toda matéria consumida pelas Chamas Violeta e Azul. Ela preenche, com amor e perfeição, os vácuos que ficaram nos corpos inferiores, após a extinção dos elementos discordantes.

72. APELO EM FAVOR DOS ENFERMOS EM ESTADO TERMINAL

Ó Deus Todo-Poderoso, presente em meu coração; ó Bem-Amada Leto; ó Bem-Amado Saint Germain e Maria, mãe de Jesus: tomai em vossas mãos de luz as almas dos doentes, enquanto padecem, e fazei-as subir provisoriamente até a luz. Ajudai-os a expirar tranqüilamente no tempo preciso.

EU SOU! EU SOU! EU SOU!

EU SOU, EU SOU a paz e o repouso de todos os doentes. Ó Deus Todo-Poderoso, presente em meu coração; ó Bem-Amada Leto; ó Bem-Amado Saint Germain e Maria, mãe de Jesus, ajudai assim os doentes e impedi-os de sofrer.

EU SOU, EU SOU a lei da supressão da dor e da doença.

Eu peço e comando que este apelo seja atendido com a rapidez do relâmpago pela luz do Grande Sol Central.

* * *

73. VISUALIZAÇÃO DO CÁLICE DA CURA

Visualizemos, sobre o nosso planeta, um enorme cálice dourado, dentro do qual colocamos a Chama Verde da Cura...

Peçamos aos Anjos e Seres do Raio da Cura multiplicarem a energia contida nesse cálice...

Lentamente, ele inclina-se, derramando a essência verde da cura, que se espalha sobre o planeta...

Toda vida recebe seu efeito benéfico.

* * *

74. MEDITAÇÃO PARA CURAS

Em meu coração expande-se, agora, a Chama Trina EU SOU.

Ela o preenche, bem como meu cérebro e minhas mãos, com Sua essência de cura!

Sua alegre irradiação ocupa, agora, cada parte de meu ser com a substância do Coração Divino!

Permaneço em completo silêncio e espreito meu ser interno.

Desejo observar os Raios do Mestre e sentir como se efetua a minha cura.

Imploro perdão pelos erros cometidos por mim.

Vivo sempre na Luz e canto o hino da vitória.

* * *

75. APELO AO BEM-AMADO MESTRE HILARION

Em nome e com o poder de minha Presença Divina EU SOU, apelo a Vós, Bem-Amado Mestre Ascensionado Hilarion: flamejai, flamejai, flamejai a Chama Verde da Verdade através de todo discípulo da Ponte para a Liberdade e sobre todos os seres humanos.

Manifestai a verdade, manifestai a verdade, manifestai a verdade.

EU SOU, em todas as horas, a presença da verdade em ação.

Amém.

* * *

76. APELO AO BEM-AMADO MESTRE HILARION

Em nome e com o poder da Presença EU SOU, que reside em nossos corações, apelamos a Vós, Bem-Amado Mestre Ascensionado Hilarion: flamejai, flamejai, flamejai intensamente a Chama Verde da Verdade sobre toda pessoa incrédula, confusa e desanimada, libertando-a dessas condições, para que possa resplandecer em seu coração o "Olho de Deus que tudo vê", isto é, a Luz Crística que lhe permita perceber a Verdade Divina presente em todo o Universo.

Nós Vos somos reconhecidos pelo atendimento deste apelo.

* * *

77. OUTRO APELO AO BEM-AMADO MESTRE HILARION

Em nome de nossa Divina Presença EU SOU, apelamos a Vós, Bem-Amado Mestre Ascensionado Hilarion: mantende a Chama Verde da Verdade flamejando, flamejando, flamejando em todos os campos de pesquisa: físico, espiritual e interestelar; sobre os médicos e cientistas em geral. Mantende em suas auras a Chama Verde da Verdade.

Nós Vos agradecemos.

* * *

78. INVOCAÇÃO

A vontade do Pai é perfeição.
Perfeição, vinde a nós
Através da amada Chama da Verdade,
Da dedicação e do poder das curas do Fogo Verde.
Amado Hilarion – Senhor da Verdade Absoluta –
Envolvei-nos,
Transpassai-nos,
Conduzi-nos
Através dos caminhos claros e seguros
Da verdade em nosso ser;
EU SOU a manifestação da verdade,
Agora e para todo o sempre. *(três vezes)*

* * *

79. INVOCAÇÃO

Grandioso EU SOU presente na emanação de vida de... Deixai fluir Vossa poderosa energia eletrônica através de cada célula de seu corpo físico, para que toda imperfeição se transforme instantaneamente!

* * *

80. AFIRMAÇÕES

EU SOU a Chama da Verdade de Hilarion,
EU SOU Sua completa expansão;
EU SOU a Chama da Verdade de Hilarion,

EU SOU Sua Paz Cósmica;
EU SOU a Chama da Verdade de Hilarion,
EU SOU Seu Poder Cósmico;
EU SOU a Chama da Verdade de Hilarion
e Ele multiplica essa verdade através de mim, a cada hora.

* * *

81. AFIRMAÇÕES

EU SOU a Chama da Dedicação de Rafael,
EU SOU Sua completa expansão;
EU SOU a Chama da Dedicação de Rafael,
EU SOU Sua Paz Cósmica;
EU SOU a Chama da Dedicação de Rafael,
EU SOU Seu Poder Cósmico;
EU SOU a Chama da Dedicação de Rafael
e Ele multiplica essa dedicação através de mim, a cada hora.

* * *

82. AFIRMAÇÕES

EU SOU a Chama da Concentração de Vista,
EU SOU Sua completa expansão;
EU SOU a Chama da Concentração de Vista,
EU SOU Sua Paz Cósmica;
EU SOU a Chama da Concentração de Vista,
EU SOU Seu Poder Cósmico;
EU SOU a Chama da Concentração de Vista
e Ele multiplica essa concentração através de mim, a cada hora.

* * *

83. APELO À BEM-AMADA CRYSTAL

Bem-Amada Presença Divina EU SOU em mim, e Bem-Amada Crystal: chamejai, chamejai, chamejai Vossa Chama Cristalina através de minha consciência e sentimentos; meus pensamentos e recordações; meus quatro corpos inferiores e, particularmente, minha estrutura cerebral, mantendo a Chama até que estejam bem purificados de todas as dissonâncias, imperfeições e criações humanas, e sejam restabelecidos na perfeição original, agora e para sempre.

Eu Vos agradeço.

EU SOU! EU SOU! EU SOU!

* * *

84. APELO À BEM-AMADA PALAS ATENA

Em nome da infinita Presença Divina EU SOU, e através da força magnética do Fogo Sagrado presente em todos os corações, enviamos os nossos mais sinceros sentimentos de gratidão a Vós, Palas Atena, maravilhosa Deusa da Verdade, pelo serviço prestado a todo ser humano que deseja conhecer a verdade.

Reverentes, inclinamo-nos ante o Vosso magnificente *momentum* da verdade, e em nome de nossa Presença EU SOU, apelamos: auxiliai-nos a discernir a verdade, a falar a verdade, a sentir a verdade e somente aceitar a verdade.

EU SOU a Porta Aberta pela qual flui Vossa caudalosa energia da verdade. Por essa Verdade Divina somos eternamente gratos.

EU SOU! EU SOU! EU SOU!

* * *

85. APELO À BEM-AMADA PALAS ATENA

Bem-Amada Palas Atena, venerável Espírito da Verdade: viestes como representante do Conselho Cármico; por isso, suplicamos Vossa intercessão junto à misericórdia divina, em favor da salvação deste planeta e de seu povo.

* * *

86. APELO A DEUS TODO-PODEROSO E AO BEM-AMADO ARCANJO RAFAEL

Santificai nossos lábios, ouvidos, sentimentos e pensamentos...
Consagrai nossos quatro corpos inferiores...
Ó Pai, perdoai-nos pelo mau uso que fazemos de Vossa energia...
Bem-Amado Arcanjo Rafael, selai-nos na Vossa Chama da Consagração, Cura, Verdade e Perfeição.
Estamos cientes do "Olho de Deus que tudo vê".
Que essa advertência sirva para o nosso aperfeiçoamento.
Assim seja.

* * *

87. AVE-MARIA

Ave-Maria, cheia de graça, o Senhor é Convosco; bendita sois Vós entre as mulheres e bendito é o fruto do Vosso ventre, Jesus. Santa Maria, Mãe de Jesus, rogai por nós, pecadores, agora e na hora de nossa morte. Amém.

* * *

88. APELO AOS BEM-AMADOS ARCANJO RAFAEL E MÃE MARIA

Em nome e com a autoridade de nossa Presença Divina EU SOU, apelamos a Vós, Bem-Amados Arcanjo Rafael e Vosso complemento divino, Mãe Maria, do ministério da cura, para auxiliar-nos na senda que conduz à perfeição.

Santificai, novamente, nossos olhos, para que eles somente vejam a perfeição da Luz Crística existente no coração de todo ser humano.

* * *

89. APELO A MÃE MARIA EM FAVOR DE UM ENFERMO

Ó Deus Todo-Poderoso, presente em meu coração; ó Maria, Mãe de Jesus, enviai Vossos anjos sobre Vosso raio de amor; que eles guardem... e o curem.

Ó Maria, tornai a aquecer seu coração em Vossas mãos de Luz e tomai-o em Vosso seio.

Eu Vos agradeço, ó Maria, pelo atendimento deste apelo.

* * *

90. APELO DE PROTEÇÃO CONTRA A RADIOATIVIDADE

Ó Deus Todo-Poderoso, presente em meu coração; ó Arcanjo Rafael! Ó Anjos curadores!

Fazei fluir em mim e nos corpos físicos de toda a humanidade a substância divina que destrói a radioatividade nociva de que está impregnada a atmosfera da Terra.

EU SOU! EU SOU! EU SOU!

Eu peço e comando que este apelo seja atendido com a rapidez do relâmpago pela luz do Grande Sol Central.

Sexto Raio – Chama Rubi-Dourada

91. INVOCAÇÃO

Bem-Amadas Legiões de Luz, Mestres Ascensionados, Seres Cósmicos, Sete Arcanjos, Sete Chohans, Sete Elohim, Legiões de Anjos, Reino Elemental, Reino da Natureza, e principalmente Vós, Bem-Amado Mestre Ascensionado Jesus, o Cristo; Mestra Nada, Bem-Amados Maha Chohan, Arcanjo Uriel, Elohim Tranqüilitas e todos os que servem no Sexto Raio, apresentamos a Vós este apelo: carregai-nos com Vosso amor e com o poder da cura; com a abundância e a paz divina, aquela paz que ultrapassa toda compreensão humana; aceitai nosso humilde esforço e aumentai-o. Derramai os raios dessas virtudes sobre nós, e envolvei cada pessoa, cada lugar, cada coisa e circunstância nesta cidade, neste país e em todo o mundo em Vossa paz, agora, e para sempre. Nós Vos agradecemos.

* * *

92. APELO À PAZ*

Em nome e com a autoridade da Presença Divina EU SOU, e pelo poder do Fogo Sagrado, apelo à Bem-Amada Mestra Nada, ao Elohim da Paz e a todos os Seres Ascensionados e Cósmicos que se dedicam a irradiar a paz!

Reforçai mil vezes a energia, e libertai-a no ato de pensar e pronunciar a palavra "paz", até que a Terra e toda vida sobre ela sejam envolvidas nesta virtude – paz.

Agradeço-Vos pela realização deste meu apelo.

EU SOU paz! EU SOU paz! EU SOU paz!

* * *

* Devemos envolver os seres que pertencem aos reinos em evolução aqui na Terra num luminoso manto de paz, até que obtenham a eterna liberdade.

93. APELO À PAZ

EU SOU a Ressurreição e a Vida do verdadeiro progresso e paz sobre a Terra; EU SOU a união no trabalho recíproco de todos os homens com os seres elementais, até consumar-se o Plano Divino da humanidade e do planeta Terra.

EU SOU a realização da paz na Terra.

* * *

94. APELO AO MESTRE JESUS

Em nome do amor, sabedoria e força de minha Presença EU SOU, apelo a Vós, Bem-Amado Mestre Jesus Cristo, e a Vós, Grandes Legiões de Luz: carregai, carregai, carregai meu ser com a luz, o amor e a força cósmica; com a paz, a liberdade e o poder cósmico do silêncio; e carregai com a perfeição, o mundo mental e emocional da humanidade. Mantende tudo isso, até tornar-se uma realidade.

Eu Vos agradeço.

* * *

95. APELO A MAHA CHOHAN E AO PRÍNCIPE DA PAZ

Bem-Amada Presença Divina EU SOU em mim, Bem-Amado Maha Chohan e Mestre Jesus, o Cristo, poderoso Príncipe da Paz...

Apelo à total energia cósmica acumulada de Vossa poderosa virtude paz; concretizai a paz... paz... paz... Desejo manifestar a paz...

Com todo o Vosso poder, considero isso realizado.

* * *

96. APELO A MESTRE JESUS, O CRISTO

Em nome da Presença Divina EU SOU em nós, e do Santo-Ser-Crístico em todos os homens, apelamos a Vós, Bem-Amado Mestre Jesus, o Cristo, e aos poderosos Seres do Raio da Paz: extraí do coração e do mundo sentimental de todos os povos, o desejo latente e profundo de paz, cuja influência equilibrada poderá afastar todo o uso da força atômica e os planejamentos que contrariam a Vontade Divina.

Deve haver paz! Deve haver paz! Deve haver paz!

* * *

97. APELO AOS SERES DA PAZ

Onipotente Presença Divina EU SOU, presente em todas as pessoas, e Bem-Amados Seres de Luz que trabalham pela paz, nós Vos pedimos: iluminai os corações dos estadistas, reis e governantes responsáveis pelo destino de suas nações, para manterem ininterruptamente a paz em seus corações, irradiando-a sobre a Terra.

EU SOU o Senhor da Paz da Presença Divina, que habita em cada coração humano, e conduz todos os acontecimentos neste planeta no rumo da perfeição.

EU SOU paz.

* * *

98. APELO À MESTRA NADA

Em nome e com a autoridade da Bem-Amada Presença EU SOU em mim, apelo a Vós, amorável e ascensionada Mestra Nada!

Com todo o amor e gratidão de meu coração, bendigo Vossa misericórdia e amável boa-vontade em assistir-me na realização de meu Plano Divino!

Suplico-Vos: colocai Vossa maravilhosa rosa de tom rosado em meu coração; aquela rosa que simboliza o reconhecimento de Vossa vitória e a misericórdia do Amor Divino, a fim de, através de mim, abençoar toda vida que entrar em contato comigo!

Que Vossa luz e Vosso amor tragam, cada doze horas, um impulso adicional, a fim de que a rosa se expanda e ao mesmo tempo exale o perfume característico de sua essência; da mesma forma como emana de nosso Pai o sentimento de amor por todas as criaturas, inclusive pelo reino animal, que não pode formular uma oração!

Amorável Nada, desejo ser, toda vida, tudo o que sois, em toda parte e para sempre!

Enviai-me Vossas Legiões de Anjos do Crístico Amor Cósmico e da Chama Rosa da Adoração, para que o Vosso amor me mantenha vitorioso em cada segundo, de cada dia e em cada coisa, de todas as maneiras e em tudo o que faço, sinto, penso, falo, ouço e vejo, até que todos os meus semelhantes sejam totalmente livres e ascensionados!

Considero tudo isso como realizado e agradeço o seu atendimento.

EU SOU! EU SOU! EU SOU!

* * *

99. AFIRMAÇÕES

EU SOU a Paz de Tranqüilitas,
EU SOU Sua completa libertação;
EU SOU a Paz de Tranqüilitas,
EU SOU Sua Paz Cósmica;
EU SOU a Paz de Tranqüilitas,
EU SOU Seu Poder Cósmico;
EU SOU a Paz de Tranqüilitas
e Ele multiplica essa paz através de mim, a cada hora.

* * *

100. AFIRMAÇÕES

EU SOU o Amor de Uriel,
EU SOU Sua completa libertação;
EU SOU o Amor de Uriel,
EU SOU Sua Paz Cósmica;
EU SOU o Amor de Uriel,
EU SOU Seu Poder Cósmico;
EU SOU o Amor de Uriel
e Ele multiplica esse amor através de mim, a cada hora.

* * *

101. AFIRMAÇÕES

EU SOU a vitória do ascensionado Jesus Cristo,
EU SOU Sua completa libertação;
EU SOU a vitória do ascensionado Jesus Cristo,
EU SOU Sua Paz Cósmica;
EU SOU a vitória do ascensionado Jesus Cristo,
EU SOU Seu Poder Cósmico;
EU SOU a vitória do ascensionado Jesus Cristo
e Ele multiplica essa vitória através de mim, a cada hora.

* * *

102. APELO AO ELOHIM DA PAZ

Com o poder da Presença Divina EU SOU, apelo a Vós, Bem-Amado Elohim da Paz: carregai meu ser e meu mundo com Vossa Paz Cósmica, transformando-me em um ponto central radiante dessa divina virtude para minha bênção e de toda vida.

EU SOU a paz!

* * *

103. APELO AO BEM-AMADO ARCANJO URIEL

Em nome e com a autoridade da Presença Divina EU SOU em nós, apelamos a Vós, Bem-Amado Arcanjo Uriel e à Bem-Amada Donna Graça, Vosso complemento divino, para auxiliar nosso Anjo da Guarda que, dia e noite, zela por nós, mantendo-nos no caminho do serviço dedicado a Deus, abençoando-nos com paz, amor, união, harmonia e luz.

Gratos, reverenciamos a Chama da Paz que nos envolve.

* * *

104. APELO À PROTEÇÃO DO ELOHIM DA PAZ

Ó Deus Todo-Poderoso, presente em nossos corações, ó Elohim da Paz, dai-nos Vossa paz, Vosso amor, Vossa alegria e tomai... sob Vossos Raios. Vinde, vinde, vinde aos nossos lares, estabelecei Vossa sabedoria em nossas mentes.

Ó Deus Todo-Poderoso, ó Elohim da Paz, nós Vos chamamos aos nossos lares.

EU SOU! EU SOU! EU SOU!

Pedimos que este apelo seja manifestado fisicamente.

* * *

105. APELO AO MESTRE ASCENSIONADO JESUS CRISTO

Ó doce Jesus, ó Jesus, nosso Mestre, derramai sobre todos nós o Vosso amor imenso. Carregai, carregai, carregai Vossos raios sobre a Terra e sobre os humanos. Transpassai-nos, banhai-nos, multiplicai Vossas ondas de amor ao infinito!

EU SOU! EU SOU! EU SOU!

Nós Vos agradecemos, doce Jesus, nosso Mestre.

* * *

106. APELO AO MESTRE ASCENSIONADO JESUS CRISTO

Ó Deus Todo-Poderoso, presente em meu coração, Jesus Bem-Amado, prendei-me na torrente de chamas de Vosso coração e fazei com que eu me torne uma porta aberta à expansão dessas chamas no mundo.

Estou na torrente de chamas vivas – o Amor Sagrado do Fogo Sagrado – que o nosso Bem-Amado Jesus recebeu do Grande Sol Central. Eu peço e comando que essa torrente se precipite através de mim até o centro da terra, e que ela liberte tudo ao seu contato, neste instante mesmo e por toda a eternidade.

EU SOU! EU SOU! EU SOU!

Ó Deus Todo-Poderoso, EU SOU, EU SOU a Presença de Deus em ação.

* * *

107. APELO AO MESTRE ASCENSIONADO JESUS CRISTO

Ó Bem-Amada Presença EU SOU: em Vosso nome Todo-Poderoso e em nome do ascensionado Jesus Cristo, e por Sua vontade, eu peço a invencível proteção do Cristo Cósmico, Sua perfeição, Sua pureza, Sua invisibilidade e Sua invencibilidade sobre toda criação humana e eu percorro o caminho da luz, livre, livre, livre de toda força destrutiva do mundo exterior.

EU SOU! EU SOU! EU SOU!

Eu peço e comando que este apelo seja atendido, com a rapidez do relâmpago, pela luz do Grande Sol Central.

* * *

Sétimo Raio – Chama Violeta*

108. INVOCAÇÃO

Poderosa Presença Divina EU SOU, fonte de tudo o que existe, presente nos corações de todos os humanos. Nós Vos amamos e bendizemos! Nós Vos reconhecemos como a unida doadora de nossa vida, inteligência e substância. Selai-nos em Vossa luz, em Vosso amor e no poder da vitoriosa perfeição. Chamejai em nós a Vossa luz e o Vosso amor, a fim de que possamos trilhar o caminho que nos preparastes. Protegei e guardai-nos, conduzi e guiai-nos, iluminando-nos com a verdade que nos libertará. Manifestai-Vos em todas as horas, para que possamos ser **Vós Próprio em ação**, em todos os tempos! Projetai a Vossa luz sobre nós, para abençoar toda vida que contatarmos.

Bem-Amadas Legiões de Luz, Mestres Ascensionados e Grandes Seres Cósmicos, Sete Elohim, Sete Arcanjos, Sete Chohans, e especialmente Vós, Bem-Amados Mestre Ascensionado Saint Germain, Arcanjo Ezequiel e Seu complemento divino Ametista. Poderoso Arcturus, Bem-Amada Kuan Yin, poderoso Saithrhu e todos os que servem no Sétimo Raio, nós Vos enviamos o amor de nossos corações e apelamos: vinde e estai conosco nesta instrução, e carregai-nos com todo o poder do amor, da misericórdia, da compaixão, do apelo e da transformação do Fogo Violeta.

Nós Vos agradecemos.

* * *

*É necessário apelar à Lei do Perdão (apelo nº 4) antes de invocar a Chama Violeta. Após, invocar a Chama Rosa, para que preencha os espaços vazios que ficaram nos quatro corpos inferiores (por força da ação da Chama Purificadora), impedindo, dessa forma, que sejam ocupados por outras imperfeições.

109. APELO AO MANTO DE CHAMA VIOLETA*

EU SOU, EU SOU, EU SOU a vitoriosa Presença do Onipotente Deus, que chameja o Fogo Violeta da Liberdade *(três vezes)* através de cada partícula de meu ser, e em meu mundo. Selai-me num pilar de Fogo Sagrado e transformai, transformai, transformai toda criação humana em mim, em minha volta e as que são enviadas contra mim em pureza, liberdade e perfeição.

* * *

EXERCÍCIO DE PURIFICAÇÃO

Este exercício tem sido recomendado por Mestre Saint Germain, em Seus discursos, como uma forma eficaz de dissolver a enorme quantidade de substâncias impuras e pegajosas que fica aderida à aura do infrator, como conseqüência dos erros praticados durante as inúmeras encarnações.

Enquanto houver essa energia a expurgar, a pessoa não estará livre dos fardos cármicos do passado, motivo por que retornam, para resgate, novas situações dolorosas. Portanto, é dever de cada um aplicar o Fogo Violeta, a fim de que os seus corpos inferiores se tornem translúcidos e, naturalmente, sua aura fique cristalina.

Outrossim, foi observado que o exercício ao lado tem coadjuvado – com excelentes resultados – o tratamento de certas afecções do corpo físico. Neste caso, substituir a expressão "retirai de meu corpo toda substância escura e pegajosa e consumi..." por "retirai de meu corpo esta condição enferma, ou dolorida, e consumi...", passando as mãos pela região afetada.

* Quanto mais amardes a Chama Violeta, ela, que é inteligente, mais vos amará, e por amor, retirará de vós toda substância que constitua uma limitação. Assim, quanto mais a utilizardes, mais ela vos abençoará. Quanto mais vos parecer real e quanto mais a empregardes para outros, além de vós, mais ela vos elevará.

110. 1ª PARTE

Bem-Amada Presença Divina EU SOU que reside em meu coração, fonte de minha vida!

Em Vosso santo nome, com Vosso amor, sabedoria, força e autoridade, apelo aos Bem-Amados Mestre Saint Germain e Mestre Netuno: fazei fluir e flamejar, imediatamente e sempre, o crescente mar de Chama Violeta do Amor pela Liberdade através de meu ser, principalmente de meu corpo emocional e de meu mundo.

Que a Chama do Fogo Sagrado afrouxe e faça caírem todas as "cunhas" de substâncias negras e pesadas e as transforme em pura luz; e substitua meus sentimentos pelos de meu próprio Santo-Ser-Crístico agora, e para sempre.

Bem-Amado Santo-Ser-Crístico, assumi imediatamente o completo e eterno controle de meu ser e de meu mundo, e vivei em mim e através de mim.

"Não sou eu que vivo, porém o Cristo vive em mim!"

Tudo o que peço para mim, também peço para todas as criaturas, e principalmente para os elementos da água, que sempre me foram e são servos obedientes e amigos sinceros desde tempos milenares.

Mantende o elemento da água sempre puro e livre de tudo o que Deus nunca quis e nunca foi propósito divino.

Aguardo confiante que isso aconteça imediatamente, com todo o poder da Divindade.

EU SOU! EU SOU! EU SOU!

* * *

111. 2ª PARTE (AUTOPASSE)

Apelo à minha Bem-Amada Presença EU SOU e ao Bem-Amado Mestre Saint Germain:

Erguer as mãos para o alto.

Purificai, purificai, purificai estas mãos com a força da transformadora Chama Violeta.

Passá-las sobre o corpo, começando pela cabeça, até os pés, dizendo:

Retirai de meu corpo toda substância escura e pegajosa e consumi tudo na Chama Violeta.

Sacudir as mãos, visualizando as impurezas serem consumidas pela Chama Violeta. Passar a mão esquerda sobre o ombro direito até as pontas dos dedos, repetindo:

Retirai de meu corpo toda substância escura e pegajosa e consumi tudo na Chama Violeta.

Sacudir novamente a mão. Repetir os gestos, desta vez com a mão direita sobre o ombro esquerdo; sacudir novamente a mão. O apelo deve ser recitado três vezes. Concluindo, dizei:

Transformai, transformai, transformai toda essa energia em liberdade, saúde, pureza e perfeição. Eu Vos agradeço.

EU SOU! EU SOU! EU SOU!

* * *

112. APELO AO PUNHAL DE CHAMA VIOLETA

Eu tiro de sua bainha o Punhal Violeta que o amor de Saint Germain me confiou. Eu o enterro nesta situação... (ou ser...) (fazer o gesto), direto na causa e no efeito de seu mal, e eu estou livre, livre, livre para sempre deste problema.

Eu sou um amigo da ação do Punhal Violeta, sagrado e benfeitor de Saint Germain; e eu vejo agora a Chama Violeta da Liberdade e do Amor Divino escorrer do foco maléfico posto a nu por este punhal eficiente que transforma e purifica tudo o que não é amor e harmonia divina.

* * *

113. APELO À CHAMA VIOLETA PARA QUE INUNDE O MANTO ELETRÔNICO

Ó Deus Todo-Poderoso, presente em meu coração, e nosso Mestre Bem-Amado Saint Germain! Eu Vos amo e Vos bendigo a cada instante!

Eu peço e comando que a Vossa Chama Violeta inunde o meu ser e o meu manto eletrônico tão poderosamente, que eu me torne uma taça de pureza e de amor a transbordar durante o meu percurso, inundando o coração dos homens!

Eu peço e comando que este apelo seja atendido, com a rapidez do relâmpago, pela luz do Grande Sol Central.

* * *

114. APELO PARA OBTER O MANTO DE LUZ DE SAINT GERMAIN

Ó Deus Todo-Poderoso, presente em meu coração! Ó Bem-Amado Saint Germain, cercai-me com a Vossa luz; que ela seja tão forte que me torne invisível a toda força maléfica que tente me atacar. Que ela aumente e se consolide, formando um manto que me proteja e me envolva para sempre.

EU SOU! EU SOU! EU SOU!

Eu Vos agradeço, ó Bem-Amado Saint Germain, pelo atendimento deste apelo.

* * *

115. APELO À CHAMA VIOLETA DO CORAÇÃO DO GRANDE SILÊNCIO

EU SOU, EU SOU a imortal autoridade ardente da Chama Violeta consumidora do coração do Grande Silêncio, que liberta o Universo de toda discórdia.

EU SOU, EU SOU, mergulhado na Chama Violeta consumidora de minha Presença e do Templo Violeta de Saint Germain, EU SOU, EU SOU, envolvido no manto de Chama Violeta de Saint Germain, que é o poder do Grande Silêncio que me dá o mestrado e o controle de toda condição, por toda parte e para sempre.

EU SOU! EU SOU! EU SOU!

* * *

116. APELO À PROTEÇÃO DA CHAMA VIOLETA DURANTE DEZ MIL ANOS*

Pelo poder do Deus Todo-Poderoso, presente em meu coração, eu peço que a Chama Violeta, que é o poder purificador de Deus, que é Sua misericórdia, Seu amor e Seu perdão, desça do Grande Sol Central sobre a Terra com toda a Sua autoridade e instaure a pureza imortal durante o ciclo de dez mil anos que deve vir.

EU SOU! EU SOU! EU SOU!

* * *

117. OUTRO APELO À CHAMA VIOLETA**

Ó Deus Todo-Poderoso, presente em meu coração, ó Grande Coro dos Mestres Ascensionados, eu peço que a Chama Violeta purifique o meu corpo físico, restaure a minha carne, ilumine a atmosfera, purifique os meus sentimentos, esclareça os meus pensamentos e seja a expressão da Misericórdia Divina e da pureza imortal do Amor Divino para mim e para o meu mundo, para todos aqueles que estão sob esta radiação, até que todos sejam ascensionados e livres.

Assim seja.

* * *

* Quando invocais a Chama Violeta, em realidade estais pondo em ação o poder do amor e da pureza, que deverão reinar neste planeta durante dez mil anos.

** Sempre que empregardes a Chama Violeta através do vosso corpo – se a visualizardes saindo pelo cérebro – conseguireis mais iluminação, e de forma permanente.

118. OUTRO APELO À CHAMA VIOLETA EM FAVOR DA HUMANIDADE

Em nome do Deus Todo-Poderoso, presente em meu coração, em nome de Seu poder, de Sua sabedoria, de Seu amor, em nome de Sua autoridade vitoriosa, eu peço que o poder, poder, poder da Chama Violeta desça sobre a Terra neste instante mesmo e tome possessão dos humanos, até que eles sejam todos ascensionados e livres.

EU SOU! EU SOU! EU SOU!

* * *

119. APELO À CHAMA VIOLETA PARA CONSUMIR O CARMA INDIVIDUAL E COLETIVO

EU SOU! EU SOU! EU SOU!

EU SOU a lei da Chama Violeta que consome o meu carma, que consome tudo o que eu projetei contra meus irmãos e contra a humanidade.

Eu peço e comando que essa Chama Violeta consuma o carma de todos os humanos, da Terra e de sua atmosfera, e que ela purifique a natureza e o mundo inteiro para sempre.

* * *

120. APELO À CHAMA VIOLETA PARA PURIFICAR A NOSSA CIDADE

Ó Deus Todo-Poderoso, presente em meu coração, e nosso Mestre Saint Germain! Inundai esta cidade com a Vossa Chama Violeta, a fim de que ela consuma toda impureza para sempre.

EU SOU! EU SOU! EU SOU!

* * *

121. APELO AO DOSSEL VIOLETA DE SAINT GERMAIN

Dossel violeta de Saint Germain *(três vezes)*
Sobre mim desce; desce, desce, desce.
Dossel violeta de Saint Germain *(três vezes)*
Sobre minha família desce; desce, desce, desce.
Dossel violeta de Saint Germain *(três vezes)*
Sobre esta casa desce; desce, desce, desce.

* * *

122. APELO À CHAMA VIOLETA PARA PURIFICAR O CORPO FÍSICO

Ó Deus Todo-Poderoso, presente em meu coração, eu peço que a Chama Violeta desça em mim, que ela tome possessão de cada uma de minhas células, que ela se espalhe em meu corpo e que dele expulse toda substância discordante para sempre.

EU SOU o poder que o manifesta fisicamente.

* * *

123. APELO DE PROTEÇÃO CONTRA CONTAMINAÇÕES

Ó Deus Todo-Poderoso, presente em meu coração, Grande Coro dos Mestres Ascensionados e Grandes Seres, Grandes Potências e Legiões da Luz, eu peço que a Chama Violeta consuma todos os miasmas, micróbios e vírus e que ela purifique todo o alimento que foi contaminado pelos humanos.

Eu peço e comando que este apelo seja atendido, com a rapidez do relâmpago, pela luz do Grande Sol Central.

* * *

124. SÚPLICA PELOS IRMÃOS VICIADOS

EU SOU a poderosa e transmutadora Chama Violeta, que projeta os Seus raios cósmicos em toda substância elemental empregada na fabricação de tóxicos, para o consumo dos irmãos viciados.

Apelamos aos obedientes Seres Elementais, para que abençoem todos os programas de assistência a esses irmãos.

Em nome do Bem-Amado Mestre Kuthumi, dos poderosos Seres do Raio Dourado e dos Anjos da Iluminação, apelamos: derramai as Vossas forças poderosas na consciência de todos os dependentes de drogas, para que, sustentados por um desejo firme de renovação, se esforcem, sinceramente, pelo restabelecimento de seus corpos.

Auxiliai-os, conduzindo-os ao verdadeiro caminho.

Nós Vos agradecemos pelo atendimento deste pedido.

* * *

125. PRECE À MÃO DA PRESENÇA EU SOU*

Em nome do Deus invencível presente em meu coração e do Cristo Cósmico vitorioso e Todo-Poderoso, eu digo à mão de minha Presença: tirai toda discórdia e todo pesar de minha alma e consumi-os na Chama Violeta, destruindo-os para sempre. Oh! Vitoriosa Presença, tomai possessão de mim, deste Vosso templo e governai-o sempre.

EU SOU! EU SOU! EU SOU!

* * *

* Visualizai a mão de vossa Presença derramando sobre vós ondas e ondas de Luz Cósmica do Grande Sol Central. Vede EU SOU seguir adiante de Vós e essa luz envolver-vos. Dirigi essa imagem mental aos locais ou circunstâncias onde desejais que a ordem e a perfeição divinas prevaleçam.

126. APELO À CHAMA VIOLETA EM FAVOR DA TERRA

Ondas e ondas e ondas de luz violeta, *(três vezes)* descei sobre a Terra.

Ondas e ondas e ondas de luz violeta, *(três vezes)* tomai-a em Vossos raios.

Ondas e ondas e ondas de luz violeta, *(três vezes)* atravessai-a por toda parte...

Envolvei-a, transpassai-a, purificai-a.

EU SOU! EU SOU! EU SOU!

Eu peço e comando que este apelo seja atendido, com a rapidez do relâmpago, pela luz do Grande Sol Central.

* * *

127. APELO AOS SENHORES DO CARMA

Ó Senhores do Carma, permiti a todos os humanos receberem os benefícios da Chama Violeta.

EU SOU! EU SOU! EU SOU!

EU SOU, EU SOU a lei da libertação do mundo inteiro pelos benefícios da Chama Violeta.

Eu peço e comando que este apelo seja atendido, com a rapidez do relâmpago, pela luz do Grande Sol Central.

* * *

128. APELO À CHAMA VIOLETA PARA PURIFICAR O CARMA

Ó Deus Todo-Poderoso, presente em meu coração, ó Chama Violeta, precipita-te na aura de... e purifica o seu carma.

EU SOU! EU SOU! EU SOU!

EU SOU a lei da Chama Violeta que purifica o carma de...

Eu peço e comando que este apelo seja atendido, com a rapidez do relâmpago, pela luz do Grande Sol Central.

* * *

129. APELO A KUAN YIN, DEUSA DA MISERICÓRDIA, PARA LIBERTAR AS ALMAS DE SEU CARMA

Ó Deus Todo-Poderoso, presente em meu coração, Kuan Yin, Deusa da Misericórdia, tomai todas as almas em Vossas mãos de luz e libertai-as do jugo de seu carma. Descarregai-as de seus atos e de seus pensamentos, purificai seus sentimentos e guardai-as na luz.

EU SOU! EU SOU! EU SOU!

EU SOU, EU SOU a lei do perdão e da misericórdia aqui na Terra.

Eu Vos agradeço, ó Deus Todo-Poderoso, presente em meu coração, e Kuan Yin, o apelo que me destes.

* * *

130. APELO DE PROTEÇÃO AOS PORTADORES DE CÂNCER

Ó Deus Todo-Poderoso, presente em meu coração, ó Manu, ó Seres Cósmicos, ó Senhores do Carma, permiti aos sábios extinguirem o câncer. Concedei o Vosso perdão aos cancerosos do mundo inteiro e protegei-os de recidivas.

EU SOU! EU SOU! EU SOU!

Eu vos agradeço por este apelo e peço que ele seja manifestado fisicamente.

* * *

131. APELO PARA PURIFICAÇÃO DO EFEITO CÁRMICO NO PLANETA

Em nome de nossa Presença EU SOU, apelamos ao poder do Fogo Violeta derramar as suas ondas eficazes sobre a face da Terra, através de toda vida, para que somente perdurem pensamentos e sentimentos divinamente puros.

Que o caudaloso e alastrador Fogo Violeta consuma todo efeito cármico do passado, estabelecendo, no planeta, a perfeição.

Nós Vos agradecemos.

* * *

132. APELO PARA A PURIFICAÇÃO DA TERRA

Em nome de nossa Presença Divina EU SOU, enviamos o nosso amor ao Bem-Amado Mestre Saint Germain e à poderosa e libertadora Chama Violeta transmutadora, cujo conhecimento Ele nos revelou, e Lhe rogamos: envolvei a Terra e toda vida nessa Chama e expandi-a cada vez mais.

Agradecemos a oportunidade que nos foi concedida de trabalharmos de mãos dadas, nesta Nova Era.

* * *

133. APELO PARA A PURIFICAÇÃO DA AMÉRICA DO SUL

Em nome da Divina Presença EU SOU e dos Bem-Amados Saint Germain, Astrea, Arcanjo Miguel, poderosos Elohim e Construtores de Formas, suplicamos: que a purificadora Chama Violeta flameje sobre a América do Sul, principalmente através do Brasil, para transmutar toda imperfeição em beleza, amor, harmonia e perfeição, preparando esse território para ser o berço da nova raça em evolução.

Em Seu santo nome EU SOU, seja feita a Vontade Divina.

Amém.

* * *

134. AFIRMAÇÃO

Em nome do Bem-Amado Mestre Saint Germain, afirmo: EU SOU a transmutadora Chama Violeta, que flameja através de meu corpo etérico, sublimando e apagando as cicatrizes morais, mágoas e ofensas, transmutando tudo em luz.

* * *

135. APELO À BEM-AMADA AMETISTA*

Em nome da infinita Presença Divina EU SOU, e através da força magnética do Fogo Sagrado que reside em todos os corações, suplicamos: flamejai, flamejai, flamejai a purificadora, misericordiosa e transformadora Chama Violeta; envolvei-nos dentro de um poderoso vórtice de luz cristalina, libertando-nos para sempre de todas as limitações, obstáculos e aflições. Nós Vos agradecemos.

EU SOU! EU SOU! EU SOU!

* * *

136. APELO À BEM-AMADA AMETISTA

Bem-Amada Ametista, das alturas divinas,
Ó Piedade! Irradiai sobre nós a Chama Violeta.
Transmutai o carma da Terra com amor;
Dissolvei toda angústia e pavor
E recebei-nos na Consciência Divina.
Bem-Amada Ametista, enlaçai-nos com amor.
Pelo Vosso Fogo Sagrado, nossa gratidão.
A Terra e toda vida submergem no oceano violeta.
A liberdade se acercará, quando corações
Jubilosos cantarem amor.
Bem-Amada Ametista, sagrada Chama Violeta,
Irmão Saint Germain, louvados sejam os Vossos nomes.
Grande fonte de amor, apelamos a Vós.
Nossa gratidão por tudo o que fizestes à Terra
E ainda continuais fazendo...
O apelo foi atendido, recebei o Fogo Violeta.
Deixai cair aquilo que detém a vossa evolução.
Contemplai o Grande Reino do Amor Divino.
Não olheis para trás, nem à direita ou à esquerda,
Olhai e silenciai: vede o Olho Divino.

* * *

* A Bem-Amada Ametista é o complemento divino do Arcanjo Ezequiel. Se apelardes a Eles para transpassarem, com a Chama Violeta, vosso ser e vosso mundo, imediatamente apresentar-se-ão os Anjos do Fogo Violeta, e seu trabalho de transmutação será intenso.

137. APELO AO ARCANJO EZEQUIEL

Em nome da Divina Presença EU SOU em nós, e com a força magnética do Fogo Sagrado que reside em nossos corações, apelamos a Vós, poderoso Arcanjo Ezequiel: carregai cada célula de nosso cérebro, de nossos quatro corpos inferiores, de nossas auras, chacras e consciências, com a Chama Púrpura-Rei, transpassando-nos com os seus raios flamejantes e purificadores, libertando-nos de todas as limitações e dificuldades que estão ocultas e constituem obstáculos em nosso caminho à Luz; transformai tudo em pureza, liberdade e perfeição! Nós Vos agradecemos.

* * *

138. APELO A BUDA KAMAKURA

Em nome e com o poder do Fogo Sagrado em nossos corações *(três vezes)*, apelamos a Vós, Bem-Amado Buda Kamakura, Mestre da Sabedoria e da Transmutação: flamejai, flamejai, flamejai, com intensidade, as Chamas Violeta e Dourada através de nossos corpos físico, etérico, emocional e mental, e sobre as nossas obrigações cotidianas, para que o nosso Plano Divino se revele agora, aqui na face da Terra.

Suplicamos: mantende-nos sempre envoltos e protegidos pelo Vosso irradiante Manto de Luz. Nós Vos agradecemos.

* * *

139. APELO À BEM-AMADA KUAN YIN

Em nome da infinita Presença Divina EU SOU, e através da força magnética do Fogo Sagrado, que está presente em todos os corações, enviamos os nossos mais sinceros sentimentos de gratidão ao maravilhoso Ser Cósmico da Misericórdia por Seu serviço prestado na transmutação de toda substância desarmonicamente qualificada, para seu estado natural de absoluta perfeição divina.

Prosternamo-nos, reverentes, ante a nossa Bem-Amada Kuan Yin – Deusa da Misericórdia – cujo ato de consagração à vida tem sido dirigir a Chama da Infinita Misericórdia a todo ser prisioneiro.

Apelamos: envolvei-nos e aos povos da Terra em Vossa amorável Presença e transformai, por meio do misericordioso Fogo Violeta da compaixão, toda injustiça que, por qualquer erro ou omissão, infligimos, em algum momento de nossa existência, a qualquer partícula de vida – pessoas, anjos, seres elementais ou divinos.

Suplicamos para que todos os erros sejam transformados em luz, retrocedendo ao início dos tempos, de modo que possamos alcançar a liberdade que nos permitirá ascensionar e sermos o nosso próprio Santo-Ser-Crístico em atividade, justamente aqui, neste mundo físico da aparência.

Projetai a Chama da Misericórdia sobre nós e em nossos entes queridos, e transformai toda vibração destrutiva que atraímos, consciente ou inconscientemente, ao nosso mundo, bem como a energia mal qualificada por nós, que introduzimos em nossa querida Terra. Auxiliai-nos a sentir e viver a experiência da alegre purificação de toda energia que maculamos.

Ó Bem-Amada Deusa da Misericórdia, rogamos que seja erigido, agora, novamente, o cerimonial do Fogo Sagrado em todos os lares deste planeta. Ide a todos eles e acendei, nos corações de seus moradores, a Chama da Misericórdia e da Compaixão para com toda vida. Ajudai-nos a visualizar, em todas as casas deste planeta, resplandecentes Focos de Luz, e auxiliai os Espíritos Protetores das mesmas a se livrarem da nefasta exalação imposta por seus habitantes.

Isso deve efetuar-se, porque falamos em nome do Santíssimo Deus EU SOU!

* * *

140. OUTRO APELO À BEM-AMADA KUAN YIN

Bem-Amada Kuan Yin, envolvei-nos em Vossa irradiação púrpura-rei. Projetai a Vossa energia balsâmica sobre todos os necessitados, os que buscam alívio. Que a Vossa compaixão e misericórdia os liberte de seus sofrimentos.

Amorosamente, abençoai e guiai todas as mães, bem como as jovens que se preparam para a maternidade. Orientai toda criança que, tanto agora como no futuro, deva retornar à Terra. Dai-lhe a Vossa bênção, para que ela seja um archote de luz resplandecente e sirva de exemplo ao mundo.

Nós Vos agradecemos.

* * *

141. APELO À BEM-AMADA KUAN YIN

Deusa da Misericórdia, amorável Kuan Yin,
Que nos guia, assegurando nossa vitória...
De Vosso coração flui sem cessar o amor,
A misericórdia e o perdão divino.
Sentimos o poder da Chama, suplicamos o Vosso amor,
Para que possamos revelar o Vosso grande poder divino
Na elevação da Terra, nesta hora cósmica.

* * *

142. APELO À DEUSA DA MISERICÓRDIA

Em nome da Bem-Amada Kuan Yin e do Santo-Ser-Crístico no coração de todos os homens, apelamos à Lei Divina no interior de cada coração humano; apelamos, também, aos Seres de Luz e aos Diretores dos Sete Raios pelo Seu descenso até este planeta: abençoai e protegei a Chama Trina no coração de cada emanação de vida, a fim de que essa Chama possa crescer cada vez mais e expandir-se.

Requerei o progresso do planeta Terra, e envolvei toda criança abençoada em um manto de luz resplandecente. Carregai esse manto com a poderosa força transmutadora, para que as qualidades divinas possam manifestar-se em sua plenitude.

Assim seja.

* * *

143. BÊNÇÃO DA BEM-AMADA KUAN YIN

Que a paz de Deus paire sobre os vossos lares!

Possa o Amor Divino estar em vossos corações!

Que a Luz Cósmica flameje em vossas almas e a sabedoria em vossas mentes!

Possa a força do Altíssimo vitalizar cada membro de vossos lares! Que a saúde e o bem-estar divino se manifestem em vossos corpos, que são as vestimentas com que agora vos envolveis! Que a graça de Deus vos cubra em vossos atos de adoração!

Possam os dons do Absoluto expressarem-se através de vossas consciências; que a plenitude e a vitória de vosso Plano Divino sejam realizadas e selem a vossa passagem pela Terra!

* * *

144. APELO À CHAMA VIOLETA

Bem-Amada e Toda-Poderosa Presença EU SOU em mim! Flamejai intensamente a Vossa Chama Violeta, a puríssima força do Amor Divino através de meus corpos mental, emocional, etérico e físico, de minha aura e de meus chacras. Dissolvei toda causa, efeito e recordação de meus conceitos humanos, imaginações, desejos e sentimentos, tanto no meu ser, como no mundo em que vivo. Dissolvei todo erro pelo qual meu ser externo é responsável! Substituí tudo pela substância do Divino Amor, da luz, pureza e perfeição. Seja feita a Vossa Vontade.

* * *

145. APELO À CHAMA VIOLETA

EU SOU um pilar de Chama Violeta que me acompanha constantemente, dissolve e transmuta em sublime e eterna perfeição divina, toda imperfeição que possa me atingir.

Começo todos os dias com a bênção de minha própria Presença EU SOU, com o amor e a proteção das ascensionadas Legiões de Luz. A cada pessoa com quem diariamente entro em contato, eu ordeno iluminação, liberdade e substituição de todas as falsas aparências pela verdade.

EU SOU o silêncio.

EU SOU o silêncio.

EU SOU o silêncio.

Só falo quando é necessário! Carrego cada palavra com o amor, a iluminação e a perfeição dos Mestres Ascensionados.

* * *

146. APELO À CHAMA VIOLETA

Deus Todo-Poderoso, presente em meu coração, chamejai, agora, o Fogo Violeta através de mim, com a purificadora força do Amor Divino, e do modo mais intenso. Dissolvei causas, efeitos, recordações, desejos e sentimentos do meu ser; todo erro pelo qual meu ser externo é responsável, e todas as condições negativas de meu mundo. Substituí tudo pela substância do Divino Amor, luz, pureza e perfeição. Seja feita a Vossa Vontade.

* * *

147. APELO À CHAMA VIOLETA

Poderosa Presença EU SOU e Bem-Amado Mestre Saint Germain! Flamejai a Chama Violeta sobre a humanidade e toda a Terra; através de qualquer dificuldade, doença e limitação; através de toda guerra, ódio e pensamentos de discórdia; através de todos os atos malignos e cruéis. Consumi e exterminai todas as causas, efeitos e recordações. Dissolvei tudo, transformando essa energia em Vossa perfeição.

Confio plenamente que isso aconteça agora, por Vosso poder, e seja mantido para sempre.

EU SOU! EU SOU! EU SOU!

* * *

148. APELO À CHAMA VIOLETA

Bem-Amada Presença Divina EU SOU em mim, Bem-Amados Mestre Ascensionado Saint Germain, Arcanjo Ezequiel e Ametista, poderoso Arcturus, grande Saithrhu, Bem-Amada Kuan Yin e todos os Seres que servem a Terra com o Fogo Violeta: envio o amor de meu coração e apelo a Vós e aos Anjos do Fogo Violeta: vinde, vinde, vinde e chamejai o Fogo Violeta do Amor e da Liberdade, chamejai o Fogo Violeta do Amor e da Liberdade, chamejai o Fogo Violeta do Amor e da Liberdade através de cada partícula de meus corpos físico, etérico, emocional e mental; através de minha aura, na minha atividade e oportunidade; através de meu lar e de meu trabalho. Fazei isso para cada pessoa, cada lugar e circunstância; selai, também, os reinos elemental, da natureza e o animal, e cada ser que viva na cidade... no país... e em todo o mundo.

Mantende e sustentai tudo isso até que toda criação humana, toda causa e gérmen sejam transmutados na pureza, liberdade e perfeição.

Bem-Amado EU SOU, Bem-Amado EU SOU, Bem-Amado EU SOU!

* * *

149. APELO À CHAMA VIOLETA

Bem-Amada Presença Divina EU SOU em mim e Bem-Amado Mestre Ascensionado Saint Germain: mantende o Fogo Violeta do Amor e da Liberdade, e chamejai, chamejai, chamejai através de toda energia imperfeita de meu mundo, transformando-a em perfeição; atravessai imperfeições e dissonâncias que pratiquei contra outras vidas; corporificai-Vos através de toda força e matéria impura do Universo que traz o meu selo, e transformai, transformai, transformai tudo na eterna pureza, liberdade e perfeição dos Mestres Ascensionados. Ó Bem-Amado EU SOU! Ó Bem-Amado EU SOU! Ó Bem-Amado EU SOU!

* * *

150. APELO À CHAMA VIOLETA

Em nome e com a autoridade da Presença Divina EU SOU, apelo a Vós, Bem-Amados Seres Cósmicos e Mestres Ascensionados, e principalmente Vós, Bem-Amados Arcanjo Ezequiel e Ametista, que atuais com o Fogo Violeta e os Sete Raios Cósmicos em prol do bem do planeta Terra.

Flamejai o Fogo Violeta através de

* meu corpo físico;

* meu corpo etérico;

* meu corpo emocional;

* meu corpo mental;

* minha aura e de toda energia que retorna a mim para ser sublimada;

* meus átomos permanentes;

* meus chacraS e de toda energia que traz o meu selo.

Permaneço dentro de um pilar do Fogo Violeta e fico livre, livre, livre de qualquer criação humana agora, e para sempre.

* * *

DIVERSOS APELOS À CHAMA VIOLETA

151. EU SOU a poderosa e transmutadora Chama Violeta, que dissolve e transmuta em perfeição todas as causas, efeitos e criações indesejáveis pelas quais meu ser externo é responsável.

* * *

152. EU SOU a poderosa e transmutadora Chama Violeta, que flameja intensamente através de toda forma-pensamento e energia dissipada por mim desde o início dos tempos, transformando-as em perfeição.

* * *

153. EU SOU a poderosa e transmutadora Chama Violeta, que agora flameja com tal energia e autoridade através de meus corpos inferiores e de minha aura, que consome todas as máculas e imperfeições, transformando tudo em luz!

* * *

154. APELO PARA A PURIFICAÇÃO DE TODAS AS CRIATURAS

Em nome da Presença Divina EU SOU, apelo à purificadora Chama Violeta: afluí e extravasai de meu ser, sobre todas as criaturas do planeta Terra, a Vossa poderosa energia; dissolvei e consumi tudo aquilo que não represente o Cristo.

Purificai a atmosfera da Terra e transmutai em perfeição as recordações discordantes, as suas causas e os efeitos negativos.

Magnânimo Mestre Saint Germain, eu Vos peço: reforçai com o Vosso invencível poder cósmico essa transmutação, para que todas as pessoas alcancem a liberdade.

* * *

O Santo-Ser-Crístico

155. INVOCAÇÃO A CRISTO

Em nome de minha Bem-Amada Presença EU SOU, e em nome do Bem-Amado Mestre Jesus, o Cristo, invoco: apresentai-Vos, ó Cristo que vive em mim e em todas as pessoas.

Manifestai-Vos agora!

Sede a global e única força atuante através de todas as formas nas quais habitais. Transmutai todas as almas na puríssima Luz Crística e elevai-as à divina liberdade.

EU SOU! EU SOU! EU SOU!

* * *

156. APELO PARA COMPENSAR O MAL PRATICADO

Bem-Amada e poderosa Presença EU SOU em mim, e Bem-Amado Santo-Ser-Crístico: analisai toda a energia de minha vida e mostrai-me aquilo que ainda necessito purificar.

Com as Vossas mãos luminosas, extraí a energia das faixas coloridas de meu corpo causal que são necessárias para compensar todo o mal que pratiquei.

Eu Vos agradeço, considerando como já realizado este pedido.

* * *

157. APELO AO SANTO-SER-CRÍSTICO

Ao Santo-Ser-Crístico de todas as pessoas, apelo em favor da expansão contínua de Sua luz interna.

Apelo também às Forças da Luz e aos Seres Orientadores dos Raios Divinos que fluem do cosmo à nossa Terra: abençoai e protegei a chama existente no coração de cada ser humano e fazei-a desabrochar.

Fomentai o progresso da Terra e envolvei cada filho do homem em um resplandecente Manto de Luz. Preenchei-o com as poderosas radiações das chamas, para que se manifestem as características divinas em cada indivíduo.

* * *

158. APELO AO SANTO-SER-CRÍSTICO

Poderosa Presença Divina EU SOU, fonte de tudo o que existe, presente no coração da humanidade, nós Vos amamos e adoramos; nós Vos reconhecemos como a única doadora de nossa vida, inteligência e substância, Vós sois tudo! Apelamos ao nosso Santo-Ser-Crístico e ao da humanidade, que se apresente agora para assumir toda a responsabilidade; ordenai e controlai a personalidade! Manifestai agora, através de nós, o Plano Divino!

Grandes Legiões de Mestres Ascensionados e Seres Cósmicos, Bem-Amados Sanat Kumara, Senhor Gautama, Diretor Divino e Maha Chohan! selai-nos em Vossa compensadora atividade de amor, sabedoria e perfeição; persuadi o nosso Santo-Ser-Crístico, através da pressão de Vosso amor, a aceitar por nós, ainda hoje, essa ordem.

Nós Vos agradecemos.

* * *

159. APELO AO SANTO-SER-CRÍSTICO DA JUVENTUDE

Através da força magnética de nosso Fogo Sagrado, dirigimo-nos ao Santo-Ser-Crístico presente no coração de toda criança e jovem desta Terra: **assumi o comando sobre o meu externo.**

(repetir três vezes)

Bem-Amado Diretor Divino, Instrutores do Mundo, Kuthumi, Lanto e Jesus, o Cristo, cercai toda a juventude com o Vosso Amor Cósmico.

Nós Vos agradecemos.

* * *

160. SÚPLICA PELA EXPANSÃO DO MODELO DE LUZ

Bem-Amada Presença Divina EU SOU e Bem-Amado Santo-Ser-Crístico em todos os homens: expandi, expandi, expandi para sempre o modelo de luz em cada elétron de nossa emanação de vida, até realizar-se o nosso Plano Divino *(três vezes)*.

Em nome do Altíssimo Deus Todo-Poderoso.

* * *

161. APELO PARA SER FEITO À NOITE, ANTES DE ADORMECER

Bem-Amada e poderosa Presença Divina EU SOU, que habitais na Chama Trina da Eterna Verdade em meu coração físico e o fazeis pulsar: reverentemente, Vos agradeço pelo uso que hoje fiz de Vossa preciosa dádiva–minha vida.

Apelo ao meu próprio Santo-Ser-Crístico para unir-Se a mim neste apelo à Lei do Perdão por todo erro cometido hoje, como também por toda omissão em serviços que poderia ter prestado à vida, se eu tivesse sido mais vigilante e harmonioso.

Em constante atividade e zelo, invoco agora o meu Santo-Ser-Crístico, para conservar sobre mim as Suas carinhosas mãos de luz e reunir toda a energia que hoje usei para trazê-la de volta ao meu mundo, purificá-la e carregá-la com o poder e sentimento de amor e paz do Cristo Cósmico, a fim de realizar-se o Plano Divino.

Devolvei a energia, novamente, a meu ser e a meu mundo, para que amanhã eu possa usá-la; auxiliai-me a evitar o mesmo erro que hoje pratiquei.

Sou grato pela assistência do meu Santo-Ser-Crístico, pois essa amorável colaboração possibilita-me progredir no caminho à luz, atuar corretamente na vida cotidiana e construir, com integridade, um crescente *momentum* de todo bem.

Quando o poder desse *momentum* houver aumentado suficientemente, sei que o meu caminho de ascensão à eterna liberdade estará aberto para sempre.

EU SOU a Lei do Perdão de todos os erros que hoje pratiquei!

* * *

162. PRIMEIRO APELO AO AMANHECER

Bem-Amada Presença Divina EU SOU, que habitais na Chama Trina da Eterna Verdade em meu coração físico e o fazeis pulsar! Reverente, Vos agradeço por essa dádiva de Vossa própria vida em mim. Zelai para que eu A use, hoje e sempre, somente para expandir o bem a todos, no percurso de minha vida.

Fazei e conservai feliz e livre para sempre, cada pessoa, cada lugar e tudo que entrar em contato comigo, a fim de que eu siga o caminho da Luz.

Confiante, espero que isso seja realizado pelo poder de EU SOU.

* * *

163. APELO AO BEM-AMADO ELOHIM ARCTURUS

EU SOU *(três vezes)* a manifestação do ritmo apropriado à minha emanação de vida.

Elohim Arcturus, saúdo-Vos com a força do amor contida em meu coração. Mostrai-me, através da esfera de luz e perfeição de Vosso Ser, a cadência em que devo vibrar para o pleno desenvolvimento da luz de meu Cristo Interno, na esfera de minha Presença EU SOU.

EU SOU a manifestação, agora e eternamente, da Essência Divina que pulsa em meu coração. Louvado seja Arcturus, Arcturus, Arcturus.

* * *

EXERCÍCIO DE INTROSPECÇÃO

INSTRUÇÃO

Este exercício deve ser feito diariamente, a fim de desenvolver a Luz Crística do coração. Começai com a harmonização, por meio de música suave. Visualizai, em vosso coração, a imagem do amoroso Mestre Ascensionado Jesus, o Cristo, no tamanho de três centímetros, cuja luz vai aumentando cada vez mais, irradiando-se em todas as direções. Agora, contemplai o Cristo...

O Bem-Amado Jesus pede que façais este exercício até conseguirdes reconhecer a Sua Presença. Enquanto ouvis a música, penetrai em vosso interior; concentrai-vos e elevai, assim, as vibrações de vossos invólucros; uni-vos com a Consciência Crística e recitai a seguinte prece:

164. Bem-Amada Presença Divina EU SOU, Bem-Amados Mestres Jesus, o Cristo, Diretor Divino, Instrutores do Mundo, Mestres Lanto e Kuthumi, Maha Chohan e todos aqueles que se ocupam com a chegada da Nova Era: imploramos a Vossa assistência, a fim de realizarmos com êxito a nossa tarefa para a vitoriosa vinda de Jesus, o Cristo, através de Seus representantes escolhidos.

Reforçai a luz em nossos corações, de modo que possamos permanecer absolutamente sinceros, persistentes e confiantes em nossos sentimentos, palavras e atos, no serviço prestado a Deus.

Auxiliai-nos, em grupo e isoladamente, a preparar o caminho para a volta do Cristo ao seio da humanidade.

Apelamos aos Bem-Amados Arcanjo Miguel, Elohim Hércules e Amazon: protegei o fruto dessa atividade, Vós, invencíveis protetores do Raio Azul – o Raio do Poder, da Fé e da Vontade Divina.

Imploramos, especialmente, o Vosso amparo constante ao serviço prestado dos precursores já designados e seus discípulos escolhidos, para assegurar a paz na trilha do Mestre Jesus.

Ajudai cada pessoa, individualmente, a permanecer positiva, alegre, fiel e entusiasta no desempenho de seu trabalho específico na volta do Cristo.

Bem-Amado Mestre Jesus, carregai, carregai, carregai este apelo com o Vosso poder e com o sentimento de uma vitoriosa conclusão.

EU SOU a Ressurreição e a Vida de nossa total colaboração para a vinda do Bem-Amado Jesus *(três vezes).*

A "volta do Cristo" deve realizar-se de acordo com o Plano Divino.

Seja feita a Vontade Divina na Terra como no Céu. Assim deve ser, pois recorremos à Presença EU SOU para a vida em atividade.

* * *

165. APELO AO SANTO-SER-CRÍSTICO

Meu Amado Santo-Ser-Crístico,
Suplico a Vós:
Tomai em Vossas mãos o leme de minha vida,
Para elevar-me à luz.

Ensinai-me a ser gentil, sábio e tolerante,
Ajudai-me a perdoar.
Transformai minha consciência;
Meu pequeno eu está sedento.

A partir deste dia, convertei-me
Em Vossa vitória.
Não quero mais viver na ignorância.
Cristo vive em mim, na Terra!

* * *

Chama Trina

166. APELOS

Ó Deus Todo-Poderoso, presente em meu coração! Carregai-me com a Chama Trina na potência de três vezes três,* a fim de equilibrar em mim o amor, a sabedoria e o poder necessários para tornar possível a ação de Vossa inteligência. Dirigi meus negócios neste dia para produzir milagres, e a perfeição que produz a realização do Plano Divino para sempre.

* * *

167. (Para fazer à noite)

Minha Chama Trina se entreabre e me envolve em Seu amor vitorioso.

Minha Chama Trina se entreabre e me enche de poder divino.

Minha Chama Trina se entreabre e Seu poder derrama-se sobre mim.

Minha Chama Trina se entreabre e EU SOU, EU SOU Sua vitória.

* * *

168. Ó Deus Todo-Poderoso, presente em meu coração! Ó Deus de bondade, ó Bem-Amado Saint Germain, ó Kuan Yin, Deusa da Misericórdia, avivai o Fogo Sagrado nos corações de vossos discípulos e fazei brilhar sua Chama Trina.

* Após terdes empregado a Chama Violeta consumidora, se invocardes a Chama Trina na potência de três vezes três, estabelecereis, em vós e em torno das situações que vos preocupam, um grande derramamento do Fogo Sagrado, que permite à perfeição da Presença fluir através de vós sem interrupção, distorção ou oposição.

EU SOU! EU SOU! EU SOU!

Eu Vos agradeço, ó Deus Todo-Poderoso, presente em meu coração! Ó Deus da Bondade, ó Bem-Amado Saint Germain, ó Kuan Yin, este apelo que me destes.

* * *

169. EU SOU, EU SOU a Presença na Chama Trina deste coração, que fala à inteligência de cada ponto de luz neste corpo. Eu Vos comando, em nome da autoridade da vida, espalhar, espalhar e espalhar sempre a perfeição da Luz Divina que nunca falha e produzir, instantaneamente, a paz e a perfeição dos Mestres Ascensionados em cada átomo de meu cérebro, de meu corpo, de meu ser, de meu mundo, de minha atmosfera e de meus arredores.

Que isso seja eternamente sustentado pela luz e o poder dos milhares de sóis.

EU SOU! EU SOU! EU SOU!

* * *

Luz Cósmica

170. APELO PARA COMBATER A FADIGA*

Bem-Amada e Toda-Poderosa Presença EU SOU.

EU SOU, EU SOU a ação sempre milagrosa da Lei Cósmica da Luz.

Eu peço que toda energia de meu corpo astral seja carregada com a pureza imortal e a proteção da Luz Cósmica dos Mestres Ascensionados.

Assim, elas devem ficar a meu serviço e me obedecer, a fim de realizar o Plano Divino por toda parte e para sempre.

EU SOU! EU SOU! EU SOU!

* * *

171. APELO CONTRA A FADIGA

Ó Deus Todo-Poderoso, presente em meu coração.

Ó Bem-Amados Saint Germain, Hércules, Marte e Vitória.

Dai-me a energia que me é necessária à realização de minha tarefa diária. Carregai-me com a Vossa presença, dai-me o Vosso poder e os Vossos raios! Carregai-me, carregai-me, carregai-me e o mundo inteiro com a Vossa energia suprema e divina.

EU SOU! EU SOU! EU SOU!

Eu peço que este apelo seja manifestado fisicamente.

Eu ordeno que ele seja manifestado fisicamente.

EU SOU o poder que o faz aparecer no plano físico.

* * *

* Quando começardes a sentir fadiga, não espereis até que, de tão extenuados, estejais a ponto de cair; parai um momento; depois, fazei um destes apelos à vossa Divina Presença.

172. APELO À PROTEÇÃO DA LUZ CÓSMICA

Pela vitória fulgurante do Cristo Cósmico,

EU SOU, EU SOU num pilar gigantesco de Luz Cósmica que é minha defesa para sempre.

EU SOU, EU SOU protegido por ela, por sua presença em torno de mim.

Eu a sinto! Eu lhe peço e comando encher meu manto eletrônico. Ela é tão real e tangível como eu no mundo físico.

EU SOU! EU SOU! EU SOU!

* * *

173. APELO À LUZ CÓSMICA*

Toda-Poderosa Presença EU SOU, eu peço que a Luz Cósmica desça em mim e em meu mundo; que ela preencha todas as minhas atividades exteriores e as aperfeiçoe constantemente. Que o Plano Divino se realize!

EU SOU! EU SOU! EU SOU!

* * *

* Este apelo produzirá um efeito benéfico sobre a vossa saúde, e a pressão da luz, em torno de vós, repelirá a discórdia.

174. APELO PARA ATRAIR A LIBERDADE À FACE DA TERRA

Em nome de nossa Presença Divina EU SOU, apelamos a Vós, poderosos Seres de Luz: aceitai e recolhei, hoje e no futuro, a energia divinamente qualificada e liberada pelos discípulos da luz.

Purificai-a, aumentai-a e carregai-a com o vosso poder, sabedoria e amor.

Usai-a para dissolver e transmutar toda imperfeição, na superfície e acima da Terra, e substituí tudo pela virtude, empregando o poder crístico.

Atraí, com essa energia, os Seres Cósmicos e Mensageiros Divinos para, com o Seu auxílio, realizar-se, aceleradamente, a liberdade na face da Terra.

Nós Vos agradecemos.

* * *

175. APELO AOS SENHORES DA LUZ

Em nome da Altíssima Presença Divina EU SOU em nós e em todos os homens, apelamos aos poderosos Senhores da Luz e aos Seres Cósmicos deste Universo, para projetarem os Seus poderosos raios de luz sobre a Terra, envolvidos em força ascendente que confere liberdade e paz à vida.

Suplicamos aos Bem-Amados Amigos das Legiões Angélicas que reforcem o nosso apelo e o levem através da vastidão do cosmo, para alcançar os Seres que, cheios de compaixão e misericórdia, observam os seres humanos.

Nós Vos agradecemos.

* * *

176. APELO ÀS ZELADORAS SILENCIOSAS

Em nome de nossa Presença Divina EU SOU, apelamos a Vós, poderosas Zeladoras Silenciosas de todos os países: zelai para que, no ambiente onde vivem e exercem as suas atividades os políticos e governantes das nações, somente possam penetrar as forças da luz, da harmonia e do amor ao próximo.

Reforçai as suas aspirações e esforços em favor do bem social, e que a paz, a liberdade e a luz sejam vitoriosas.

Nós Vos agradecemos.

* * *

177. APELOS PARA OBTER A PROTEÇÃO DA LUZ CÓSMICA

Bem-Amada e Toda-Poderosa Presença EU SOU e Grande Coro dos Mestres Ascensionados: carregai, carregai, carregai com a Luz Cósmica tudo o que está em meu círculo eletrônico, tudo o que está em minha casa e em meus negócios; carregai, também, meus entes queridos.

Eu peço que essa Luz Cósmica do Amor dos Mestres Ascensionados cure não só aqueles que eu amo, como a todos que necessitem de cura em toda parte e para sempre.

EU SOU! EU SOU! EU SOU!

* * *

178. Bem-Amada e Toda-Poderosa Presença EU SOU. Eu peço que a Luz Cósmica do Amor dos Mestres Ascensionados desça em meu ser e em meu mundo e que ela seja a atmosfera que eu respiro, a abundância de que eu necessito e a invencível proteção que afasta de mim todas as condições humanas adversas. Assim não terei mais que combatê-las.

EU SOU! EU SOU! EU SOU!

* * *

179. No grande amor envolvente da Luz Cósmica, eu a sinto como um manto tangível de paz em torno de mim. EU SOU, EU SOU a sua coragem e o seu poder, que me permitem avançar vitoriosamente em meu caminho e realizar o meu Plano Divino. Eu espalho o amor da Luz Cósmica com tal intensidade, que ele atrai a mim os seus dons infinitos e me faz viver num mundo de bênçãos, invulnerável a criações humanas, neste instante mesmo e por toda a eternidade.

EU SOU! EU SOU! EU SOU!

* * *

Chama Dourada da Bem-Aventurança

180. INVOCAÇÃO

Em nome do onipotente Deus que me deu o alento, perante cujo trono me prosternei – e que sustenta as batidas dos corações humanos – apelo aqui a Alfa e Ômega, a cada sol dos sistemas, a cada Arcanjo e Seu complemento divino, a cada Elohim, às legiões angélicas e a cada Mestre Ascensionado, pela acumulada Força Cósmica Divina da Bem-Aventurança, para que jorre sobre os corpos mental, emocional, etérico e físico de todos os que aqui estão presentes, e que a Sua vibração perdure.

Em nome da Presença Divina EU SOU, carrego, carrego, carrego vosso corpo emocional com esta Minha acumulada Força Cósmica da Bem-Aventurança.

Recebei-a.

Em nome da Presença Divina EU SOU, carrego, carrego, carrego o vosso corpo mental com esta Minha acumulada Força Cósmica da Bem-Aventurança.

Recebei-a.

Em nome da Presença Divina EU SOU, carrego, carrego, carrego o vosso corpo etérico com esta Minha acumulada Força Cósmica da Bem-Aventurança.

Recebei-a.

Em nome da Presença Divina EU SOU, carrego, carrego, carrego o vosso corpo físico com esta Minha acumulada Força Cósmica da Bem-Aventurança.

Recebei-a.

* * *

181. APELO

Em nome do Altíssimo Deus nosso Pai, e da Presença Divina EU SOU que permite baterem os corações humanos – e também os daqueles que estão por nascer, peço a dádiva divina da Bem-Aventurança: revigorai constantemente, durante o sono ou nas horas de vigília, os corpos internos e externos daqueles que são escolhidos para serem os guias e orientadores da humanidade. Invoco a presença da Chama da Bem-Aventurança até tornar-se perceptível em suas mentes e sentimentos, bem como em seus corpos físicos.

Suplico ainda: estendei, estendei, estendei a Chama Cósmica da Bem-Aventurança do Coração do Grande Sol Central, do sol físico deste sistema e de cada ser divinamente livre, à atmosfera densa das regiões inferiores da terra; do seu centro aos quatro pontos cardeais: norte, sul, leste, oeste, até que o planeta fique repleto dessas vibrações.

Agradeço o atendimento deste apelo.

* * *

182. APELO

Bem-Amada e poderosa vitória da Presença Divina EU SOU, que habita em meu coração, eu amo a Vossa Bem-Aventurança!

Ajudai-me, hoje e sempre, a devotar a minha vida e a minha pessoa à Vossa Chama da Bem-Aventurança, e nela envolver-me.

Enchei e transpassai todo o meu ser e o meu mundo pessoal com a sua eficácia; envolvei toda vida que entrar em contato comigo nessas gloriosas radiações da Chama Dourada do Coração do Bem-Amado Mestre Ling, o Mestre da Bem-Aventurança!

Mantende para sempre a Sua força e poder, expandindo-a até que todos sejam ascensionados e livres.

Amém.

* * *

183. APELO AO BEM-AMADO MESTRE LING

Bem-Amada poderosa Presença Divina EU SOU em nossos corações, e Bem-Amado Mestre Ling, amigo de velhos tempos, amigo da luz e amigo para sempre.

Nós Vos amamos e bendizemos. Agradecemos, de todo o coração, o Vosso amor e a vitoriosa manifestação da imensa energia da virtude divina da Bem-Aventurança, que acumulastes. Agradecemos o prestimoso auxílio a todos os que Vos invocam, carregando-os com a Vossa Bem-Aventurança, e manteremos o reconhecimento em nossos corações, agora e sempre.

* * *

184. APELO AO BEM-AMADO MESTRE LING

Bem-Amada e vitoriosa Presença Divina EU SOU em nossos corações, e Bem-Amado Mestre Ling, confiantes apelamos a Vós: transformai a humanidade num sol radioso e vibrante de Bem-Aventurança, até que toda vida seja, para sempre, libertada das trevas e limitações.

Que desponte e cresça o sol dourado da Bem-Aventurança, principalmente nas consciências dos políticos e governantes de todas as nações, para que exerçam as suas funções com probidade, justiça e respeito pelos seus concidadãos!

Que isso se realize agora, e continue aumentando sempre, pois falamos em nome do Santíssimo Deus EU SOU!

* * *

185. APELO AO BEM-AMADO MESTRE LING

Bem-Amada e Poderosa Presença Divina EU SOU em mim, e Bem-Amado Mestre Ling, Deus da Bem-Aventurança! Agradeço, de todo o coração, a Vossa presença e os exemplos de Vossa vida narrados com palavras cheias de sabedoria. Ajudai-me e a todos os que lerem as Vossas palavras, a guardá-las para sempre, pondo em ação os Vossos ensinamentos!

Bem-Amado Mestre Ling! Que a Vossa consciência, ao empregar a Chama Violeta, resplandeça em mim e em meu redor, e afaste de meu mundo pessoal toda causa, efeitos e recordações, bem como as depressões, indolência e mau humor; enfim, todo indício de incompetência para a missão de ser útil ao meu próximo. Substituí as minhas fraquezas pelo Vosso sentimento de fé que será empregado para desenvolver a minha capacidade.

Assim, "o Senhor irá prover a todos" (como Ele fez Convosco) – sempre com o auxílio certo, na hora certa e na forma certa – para manifestar aquilo que for mais necessário à vida no momento.

Essa é a verdade! Confiante, espero que isso se realize imediatamente!

EU SOU um radiante sol dourado da Bem-Aventurança do Bem-Amado Mestre Ling!

EU SOU um foco de luz que a todos irradia amor.

EU SOU! EU SOU! EU SOU!

* * *

186. APELO AO BEM-AMADO MESTRE LING

Em nome da Presença Divina EU SOU em nós, recorremos a Vós, Bem-Amado Mestre Ling: auxiliai todas as pessoas a transformarem-se em genuínas e zelosas distribuidoras da força vital do vibrante e radioso sol da Bem-Aventurança, até que elas sejam libertadas, para sempre, das trevas e limitações.

Nós Vos agradecemos.

* * *

187. AFIRMAÇÕES

EU SOU a Bem-Aventurança do Mestre Ling,
EU SOU Sua plena irradiação;
EU SOU a Bem-Aventurança do Mestre Ling,
EU SOU Sua Paz Cósmica;
EU SOU a Bem-Aventurança do Mestre Ling,
EU SOU Seu Poder Cósmico;
EU SOU a Bem-Aventurança do Mestre Ling
e Ele multiplica essa Bem-Aventurança através de mim, a cada hora.

(Repetir essa afirmação, substituindo o termo "Bem-Aventurança" por felicidade, equilíbrio, paciência, tolerância, perseverança, etc.)

* * *

188. BÊNÇÃO DE MESTRE LING

Em nome da Divina Presença EU SOU e de toda vida que, desde o começo dos tempos, contribuiu para a Bem-Aventurança Cósmica, flamejo e irradio agora, sobre este grupo de amados discípulos, bem como sobre os vossos semelhantes, a Minha Chama da Bem-Aventurança com as suas irradiações e bênçãos. Deixo-a fluir agora através de vossos corpos físico, etérico, emocional e mental. Sendo todas as vidas **uma só,** os Meus sentimentos de alegria e felicidade penetram e atravessam os povos da Terra. Esta bênção revelar-se-á em vossa vida diária, na proporção de vossa receptividade!

* * *

Chama Verde-Dourada da Precipitação

189. APELO AO BEM-AMADO MESTRE CONFÚCIO

Em nome de minha Presença Divina EU SOU, apelo ao Bem-Amado Mestre Confúcio pela Chama Verde-Dourada da Precipitação.

Invoco a potência dessa Chama para criar, em minha vida, somente o bem, o belo e a harmonia.

EU SOU a Chama Verde-Dourada que faz surgir a perfeição em minha vida.

EU SOU a Chama criadora do bem em minha vida.

EU SOU uno com o Mestre Confúcio.

* * *

190. AFIRMAÇÃO

Bem-Amado Mestre Confúcio, fazei-me reconhecer quando devo calar e quando devo falar, para realizar a obra de perfeição do Pai de todo o Bem *(três vezes)*.

Eu Vos agradeço.

* * *

191. AFIRMAÇÃO

Em nome do Bem-Amado Mestre Confúcio, afirmo: EU SOU a precipitadora Presença Divina em atividade. EU SOU a iluminação e a sabedoria no uso da Chama da Precipitação. EU SOU a perfeição em meu modo de pensar e sentir, em meu ser, meu corpo, meu mundo e interesses.

* * *

Chama Verde-Limão Esclarecedora*

192. APELOS

Ó Deus Todo-Poderoso, presente em meu coração, ó Poderosa Chama Verde-Limão, eu vos peço: insinuai-vos nesta situação..., espalhai-vos em torno e através dela. Aquecei, aquecei, aquecei, ó Poderosa Chama Verde-Limão, e fazei rebentar a carapaça de mentiras em que ela está envolvida.

EU SOU! EU SOU! EU SOU!

EU SOU, EU SOU a lei da visão justa desta situação.

Eu peço e comando que este apelo seja atendido com a rapidez do relâmpago, pela luz do Grande Sol Central.

* * *

193. Ó Poderosa Chama Verde-Limão, infiltrai-vos nesta situação... e aquecei, aquecei, aquecei, a fim de que a verdade apareça na vossa luz. Esclarecei a intenção oculta da coisa e colocai-a a nu.

EU SOU! EU SOU! EU SOU!

Eu vos agradeço o apelo a que atendestes.

* * *

* A Chama Verde-Limão insinua-se em todas as circunstâncias aparentemente inextricáveis e faz vir à tona a mentira, a falsidade e as intenções ocultas das pessoas. Ela faz explodir a impostura, e a situação é esclarecida em nome do bem e da verdade.

Mãe Divina*

194. APELOS

Ó Mãe Divina!
Eu Vos agradeço o Cerimonial que me revelastes.
Eu Vos agradeço o amor que sinto penetrar em mim.
Eu Vos agradeço a luz intensa com que enchestes meu coração.
EU SOU! EU SOU! EU SOU!
EU SOU, EU SOU a Lei do Amor da Mãe Divina para com todos os Seus filhos.

* * *

195. Ó Mãe Divina! ó Mãe Divina! ó Mãe Divina!
Assumi este problema e resolvei-o.
Eu Vos agradeço, Mãe Divina, por atenderdes ao meu apelo.
EU SOU! EU SOU! EU SOU!

* * *

196. Luz... luz... luz... EU SOU, EU SOU Luz.
EU SOU, EU SOU a Luz Divina.
EU SOU, EU SOU a Luz Cósmica.
EU SOU, EU SOU a Chama Trina.
Ó Deus Todo-Poderoso, presente em meu coração, ó Mãe Divina, eu Vos agradeço o apelo a que atendestes *(repetir o apelo três vezes).*

* * *

*Deusa Solar Vesta.

Aos Soberanos Divinos do Grande Silêncio

197. APELOS

EU SOU! EU SOU! EU SOU!

Ó Deus Todo-Poderoso, presente em meu coração, ó Soberanos Divinos do Grande Silêncio, dai-me o sono reparador de que eu tenho necessidade para realizar a minha tarefa.

Eu vos agradeço, ó Deus Todo-Poderoso, presente em meu coração, ó Deuses do Grande Silêncio, pelo atendimento deste apelo.

* * *

198. Ó Deus Todo-Poderoso, presente em meu coração! Ó Soberanos Divinos do Grande Silêncio, abençoai o alimento que está sobre esta mesa, abençoai os seres que o forneceram, abençoai todos aqueles que contribuíram ,de alguma forma, para o seu preparo e abençoai os seres que o serviram.

EU SOU! EU SOU! EU SOU!

* * *

199. Ó Toda-Poderosa Presença EU SOU e Bem-Amado Arcturus: eu peço que a Chama do Perdão do coração do Grande Silêncio desça em mim e ponha em ordem o que me rodeia. Eu rogo que essa grande chama de amor, de paz e de perdão tome possessão de meus negócios e que ela aí instaure o seu equilíbrio. Eu suplico que os poderes dos Sete Elohim do coração do Grande Silêncio desçam em todas as condições do plano material e que delas se apossem.

EU SOU! EU SOU! EU SOU!

* * *

200. Toda-Poderosa Presença EU SOU: carregai o meu manto de luz e enchei-me com o poder e o sentimento do Grande Silêncio. Fazei que a pressão dessa luz seja tão forte do interior para o exterior, que nada na Terra possa me atingir.

Enchei-me com o amor do Grande Silêncio que ilumina. Desvelai-me o que eu terei necessidade de saber nos dias vindouros, e por toda a eternidade.

EU SOU! EU SOU! EU SOU!

* * *

201. Em nome de minha Presença adorada EU SOU, em nome de Seu amor, de Sua sabedoria, de Seu poder e de Sua autoridade, eu peço e comando que tudo que eu faça hoje seja realizado pela Chama Suprema de Amor do Grande Silêncio.

Eu peço entrar no Grande Silêncio em estado de vigília e transformar-me no amor do Grande Silêncio!

Eu rogo que Suas poderosas manifestações, Suas vitórias e Seus poderes surjam no mundo físico, por toda parte e para sempre.

EU SOU! EU SOU! EU SOU!

* * *

202. Eu suplico que os Anjos do Grande Silêncio venham ao meu encontro; que eles me preencham com a Chama do Amor de Seus corações e que reduzam ao silêncio toda discórdia na superfície da Terra e por onde eu andar.

EU SOU! EU SOU! EU SOU!

* * *

203. Em nome da Presença Divina EU SOU, presente nos seres humanos, e das poderosas Zeladoras Silenciosas de cada país, apresentamo-nos ante todos os grandes dirigentes do Universo e apelamos em favor da humanidade: imploramos aos Soberanos Divinos do Grande Silêncio voltarem à Terra, como zeladores e dirigentes de todos os projetos e desígnios concernentes às nações.

EU SOU a poderosa e acelerada energia divina que realiza este apelo.

Nós Vos agradecemos.

* * *

Conselho Cármico

204. PETIÇÃO DA PONTE PARA A LIBERDADE AO EGRÉGIO CONSELHO CÁRMICO

Nós, discípulos da Ponte para a Liberdade, apresentamos, novamente, as nossas petições e prometemos auxiliar a evolução da vida e de nosso planeta.

I) Em nome de nossa Presença Divina EU SOU, rogamos examinardes a possibilidade de serem amortizadas, no Reino Interno, as culpas cármicas dos retardatários que foram recebidos, de boa fé, aqui na Terra. Que sejam construídas, para esse fim, cidades-escolas adequadas para livrar essas emanações de vida de futuras encarnações neste planeta, e com isso, assegurar uma evolução desembaraçada para a nossa humanidade.

II) Em nome do Bem-Amado Santo Aéolo, apelamos ao poder da luz conduzida pelos Grandes Seres Hélios e Vesta, Alfa e Omega: conservai o caminho eletrônico do Universo para sempre puro e perfeito, protegido por um revestimento impenetrável de amor , seja qual for o canal pelo qual ele flua, transmitindo a sua perfeição a toda vida.

III) Ainda suplicamos uma dádiva especial de força e poder da luz, para desfazer todos os planejamentos prejudiciais ao progresso e bem-estar dos homens, e ao reino da natureza.

Que as entidades e poderes por detrás desses planos sejam envolvidos pelo Fogo Cósmico, para que não mais produzam qualquer ação nefasta. Oferecemos a nossa energia para esse propósito e invocamos a Vossa misericordiosa proteção e a respectiva liberação da corrente de energia cósmica.

Grandes Senhores do Carma, nós Vos agradecemos.

* * *

205. APELO AO CONSELHO CÁRMICO EM FAVOR DA QUARTA RAÇA-RAIZ

Em nome do poder e com a autoridade da Bem-Amada Presença EU SOU, apelo ao grande Conselho Cármico, aos Mestres Ascensionados, às Legiões de Anjos e Seres Elementais, para que auxiliem as emanações de vida pertencentes à quarta Raça-Raiz, libertando-as dos falsos conceitos que as prendem à Terra.

Ascensionai-as *(três vezes)* aos Templos de Luz que lhes foram preparados, onde receberão as últimas instruções, envolvidas no amor e luz do Bem-Amado Manu, Deus Himalaya.

Em nome do Santíssimo EU SOU, afirmo que isso se realizará.

* * *

Reino Elemental

206. APELO

Bem-Amada e Poderosa Presença Divina EU SOU em todos os homens!

Bem-Amados Hélios e Vesta e Seres de Luz Cósmica, Poderosos Elohim, Bem-Amados Netuno e Lunara, Thor e Áries, Pelleur e Virgo, Polaris e Magnus, Devas dos mares e das montanhas, Maha Chohan e Mestres Ascensionados: mantende o equilíbrio de todos os seres dos reinos da natureza e elemental, para que possam permanecer constantemente em paz e harmonia, até ocorrer a grande mudança; que os reinos da natureza, angélico e humano colaborem amorosa e fraternalmente, até manifestar-se a liberdade da união eterna.

Isso suplicamos pelo poder e autoridade do Fogo Sagrado, que habita em todo ser humano.

* * *

207. APELO A POLARIS E MAGNUS

Em nome de minha Presença Divina EU SOU, envio o meu amor aos poderosos Polaris e Magnus, cuja luz forma o eixo da Terra e mantém este planeta em seu curso cósmico.

Dirijo a minha atenção para essa misericordiosa atividade da luz e sei que a energia universal do amor, sabedoria e poder – a Chama Trina – mantém a Terra dentro de seu curso predeterminado pela Ordem Cósmica.

* * *

208. APELO

Apelo a Vós, Altíssima Presença Divina EU SOU em mim, e Bem-Amada Chama Trina de meu coração!

Ó poderosas forças dos quatro elementos: fogo, ar, água e terra!

Abençoai, com o poder do Amor Cósmico, as salamandras, sílfides, ondinas, os gnomos e os espíritos da natureza, que são os habitantes do Reino Elemental.

Ofereço o meu amor aos Grandes Seres Cósmicos que dirigem a atividade desses elementais neste planeta: os Bem-Amados Maha Chohan, Hélios e Vesta, Thor e Áries, Netuno e Lunara, Pelleur e Virgo.

No santíssimo nome de Deus EU SOU.

* * *

209. APELO

Apelo a Vós, Altíssima Presença Divina EU SOU e Bem-Amada Chama Trina de meu coração: expandi o Vosso amor sobre todos os elementos do fogo, ar, água e terra.

Abençoai-os, purificai-os e libertai-os para sempre de todos os males, de causas e gérmens que lhes foram impostos desde o começo dos tempos.

Transformai tudo em harmonia e paz!

Zelai para que se estabeleça um trabalho recíproco entre os homens e os seres elementais, a fim de ressurgir o Plano Divino deste planeta.

Em nome do Santíssimo Deus EU SOU, seja feita Sua vontade para sempre.

* * *

210. APELO

Em nome do Bem-Amado Maha Chohan e dos grandes diretores dos quatro elementos, afirmo: EU SOU a lei do amor e da gratidão infinita perante as dádivas dos reinos da natureza, elemental e animal, que serviram e servem à humanidade.

Em nome de minha Presença Divina EU SOU e do Santo-Ser-Crístico presente em todas as pessoas, apelo à poderosa Chama Violeta para sublimar a divina energia que foi maculada pelo ser humano e restaurar a sua pureza original.

Envio amor, consolo e paz a todos os seres da natureza e, confiante, peço o seu esforço conjunto, para que a Era da Liberdade se concretize.

No santíssimo nome de Deus EU SOU.

* * *

211. PRECE PELOS REINOS HOMINAL E ELEMENTAL

Em nome da Bem-Amada Presença Divina EU SOU, e através do poder magnético do Fogo Sagrado com o qual todos nós estamos investidos, apelo para que o *momentum* da Chama Sagrada Transmutadora penetre em todas as causas e gérmens de tristezas e rebeldias do Reino Elemental! Que ela transforme tudo em harmonia, e que os Reinos Hominal e Elemental cooperem, mutuamente, para estabelecer a perfeição requerida pelo Plano Divino.

Em nome da Bem-Amada Presença Divina EU SOU em mim e em toda a humanidade, eu peço e comando que se realize a completa redenção dos Reinos Hominal e Elemental.

EU SOU! EU SOU! EU SOU!

* * *

212. APELO A SÃO MIGUEL PARA PURIFICAR OS ELEMENTOS

Bem-Amada Presença EU SOU em mim e na humanidade, Bem-Amado Arcanjo Miguel e Vossa Legião de Luz! Vinde, vinde, vinde com o poder de Vossa Espada Cósmica de Chama Azul. Purificai, purificai, purificai e livrai as forças dos elementos da obrigação de servirem os propósitos destrutivos do homem. Que não promovam, consciente ou inconscientemente, a propagação de doenças e desarmonias no planeta Terra, através dos quatro veículos inferiores do homem.

Assim seja, Bem-Amado EU SOU.

* * *

213. PRECE DE LOUVOR E AGRADECIMENTO AO REINO ELEMENTAL

Em nome do Santo-Ser-Crístico presente em todos os corações, enviamos ao Reino Elemental o nosso amor e gratidão pelo bem-estar que, em forma de beleza e suprimento inesgotável, faz fluir ao nosso mundo.

Bem-Amados Hélios e Vesta e salamandras, elementos do fogo; Bem-Amados Áries e Thor e sílfides, elementos do ar; Bem-Amados Netuno e Lunara e ondinas, elementos da água; Bem-Amados Pelleur e Virgo e gnomos, elementos da terra; Bem-Amado Deva Concórdia e Vossos auxiliares; Bem-Amada Zeladora Silenciosa Imaculata, do planeta Terra e Vossos auxiliares: suplicamos a Vossa assistência para que sejam transmitidas à Terra beleza e perfeição.

Nós Vos rogamos, Bem-Amado e poderoso Deva Lemuel e Vossos Devarajaras do Monte Kociusco: carregai, carregai, carregai os quatro corpos inferiores da humanidade com a Vossa virtude do equilíbrio!

Carregai, carregai, carregai todos os seres do Reino da Natureza com a Vossa poderosa Chama do Equilíbrio, de modo que a paz seja estabelecida.

Bem-Amado Deus Zeus, nós Vos amamos e bendizemos por doutrinardes os abençoados seres elementais, para que trabalhem em harmonia com os povos da Terra.

Bem-Amada Virgo, Mãe-Terra, nós Vos amamos e agradecemos a hospitalidade de tantas eras.

Queira a humanidade venerar a substância elemental de que é constituído o Vosso manto que forma o planeta, o qual, sob o impulso do amor, gira em torno do Sol. Que os nossos passos deixem um rastro de luz a acariciar os seres elementais, transformando a Terra num Sol radiante, como foi no princípio.

Isso ordenamos em nome do Sacrossanto Deus EU SOU.

* * *

214. APELO À LEI DO PERDÃO PELO MAU USO DO ELEMENTO FOGO

EU SOU! EU SOU! EU SOU a Lei do Perdão e da Chama Transformadora do mau uso que eu e toda a humanidade fizemos do elemento fogo, através dos tempos; EU SOU! EU SOU! EU SOU a Lei do Perdão e da Chama Transformadora de todo o mau uso que fiz da vida, através das idades, e que tudo seja purificado pela energia do Elohim da Pureza.

Assim seja.

* * *

215. APELO PARA ELIMINAR O MEDO DO FOGO

Bem-Amada Presença Divina EU SOU em mim e Bem-Amada Astrea, encerrai dentro de Vosso Círculo e Espada de Chama Azul a causa e o efeito de todo medo do fogo, e transmutai-o, pelo Fogo Sagrado, em iluminação e compreensão. Libertai cada salamandra aprisionada pelo ser humano, esteja ele encarnado agora ou não.

Amém.

* * *

216. APELO EM FAVOR DAS SÍLFIDES

Bem-Amada Poderosa Presença Divina EU SOU! Ó Vós, Bem-Amada e imorredoura Chama Trina da Eterna Verdade em meu coração; Santo-Ser-Crístico da humanidade; Bem-Amados Hélios e Vesta; Bem-Amados Áries e Thor!

Purificai esses bem-amados seres do ar que servem há tanto tempo a humanidade, sofrendo o peso das agressões e impurezas dos homens. Envolvei e selai cada sílfide numa aura oval de cor violeta e impregnai-a com o perfume dessa flor.

Derramai essas bênçãos sobre os elementais do ar e multiplicai-as, dia-a-dia, até que a atmosfera apresente a transparência de um cristal puríssimo, e que as sílfides sejam libertadas, por toda a eternidade, dos grilhões impostos pelos humanos, que Deus nunca quis e jamais farão parte de Seu desígnio.

Aguardo, confiante, que isso se realize agora e para sempre.

EU SOU! EU SOU! EU SOU!

* * *

217. AÇÃO DE GRAÇAS AO ELEMENTO AR

Bem-Amada Presença Divina EU SOU em mim e na humanidade, Bem-Amados Áries e Thor, nós Vos amamos, louvamos e agradecemos. Nós bendizemos os ventos norte, sul, leste, oeste, e as sílfides do ar, que são as Vossas mensageiras.

Apelamos a Vós no sentido de que todos os efeitos destruidores do ar sejam purificados pela transmutadora Chama Violeta, e que nunca mais o elemental ar se precipite em ciclones, vendavais, furacões e outras calamidades.

Nós Vos agradecemos.

* * *

218. APELO EM PROL DO EQUILÍBRIO NO AR E NA TERRA

Em nome da Bem-Amada e Poderosa Presença Divina EU SOU, e de Vós, Bem-Amada e imorredoura Chama Trina da Eterna Verdade em nossos corações; Santo-Ser-Crístico presente na humanidade; Bem-Amados Saint Germain, Jesus, o Cristo e todos os grandes Seres de Luz, Anjos e o poderoso Fogo Sagrado, apelamos fervorosamente aos Mestres Áries e Thor, Netuno e Lunara: mantende em ordem as correntes atmosféricas, para conservar a paz cósmica; ordenai que se estabeleça um equilíbrio perfeito no ar, nos oceanos e, por conseguinte, na Terra.

Que a Vontade de Deus se realize agora e para sempre!

EU SOU! EU SOU! EU SOU!

* * *

219. AÇÃO DE GRAÇAS AO ELEMENTO ÁGUA

Bem-Amada Presença EU SOU em mim e na humanidade, Bem-Amados Netuno e Lunara, nós Vos amamos, louvamos e agradecemos, e a todos os seres do elemento água, as ondinas, que nos têm servido, servem e continuarão a servir. Nós bendizemos o elemento água existente em toda parte, e as abençoadas ondinas, que são as Vossas mensageiras. Pedimos que todos os efeitos destruidores da água sejam transmutados pela transformadora Chama Violeta e que nunca mais esse elemento cause inundações, maremotos e ressacas.

Nós Vos agradecemos.

* * *

220. APELO DE PROTEÇÃO PARA O ELEMENTO ÁGUA

Em nome da Divina Presença EU SOU, apelo a Vós, Bem-Amado Mestre Netuno: ficai ao meu lado em todas as emergências, dirigindo o poder de Vosso amor, por meu intermédio, para controlar o elemento água, onde quer que eu me encontre aqui na Terra. Fazei com que as ondinas sejam minhas amigas, e que trabalhemos juntamente para servir à Luz.

Eu Vos agradeço.

* * *

221. APELO À LEI DO PERDÃO PELO MAU USO DO ELEMENTO ÁGUA

Bem-Amada Presença Divina EU SOU e Bem-Amada Astrea, encerrai, dentro de Vosso Círculo de Energia Cósmica e Espada de Chama Azul, todo registro etérico de desgosto causado pelo mau uso que fizemos do elemento água desde a criação da discórdia humana no planeta, cuja responsabilidade pesa sobre todos nós. Chamejai o Fogo Violeta do amor pela liberdade através de mim e da humanidade e transmutai, transmutai, transmutai tudo em perfeição e que a vitória do Plano Divino se cumpra.

EU SOU! EU SOU! EU SOU a Lei do Perdão e da Chama Transformadora do mau uso do elemento água, feito por toda emanação de vida, encarnada ou não; e todos que, de alguma forma, consciente ou inconscientemente, usaram a água com propósito destrutivo. **Libertai todas as ondinas**(três vezes) de qualquer emanação de vida e purificai-as, desfazendo o seu desejo de atormentar a humanidade novamente *(três vezes).*

Assim seja.

* * *

222. APELO À LEI DO PERDÃO PELA AGRESSÃO DOS HOMENS À BEM-AMADA VIRGO E AOS ESPÍRITOS DA NATUREZA

EU SOU! EU SOU! EU SOU a Lei do Perdão e da Chama Transformadora do mau uso das dádivas da Terra, das torturas infligidas, consciente ou inconscientemente, aos gnomos e outros espíritos da natureza, por mim e pela humanidade.

Bem-Amada Presença Divina EU SOU em mim e na humanidade, e Bem-Amada Astrea: encerrai em Vosso Círculo Cósmico e Espada de Chama Azul, os terremotos, catástrofes e caos motivados pelos ressentimentos e ódios dos gnomos rebelados contra a humanidade, e **transmutai** *(três vezes)* tudo em cooperação amorosa e confiante entre eles e a humanidade.

Afastai da humanidade a cupidez de usar a Terra, as suas riquezas e demais dádivas para fins egoísticos ou destrutivos.

Libertai *(três vezes)* os espíritos da natureza da lembrança de tal associação nefasta com os homens, dissolvei e transmutai tudo.

* * *

223. APELO AO SER ELEMENTAL RESPONSÁVEL PELO MEU CORPO

Em nome de minha Presença Divina EU SOU, e dos poderosos Diretores dos seres elementais, dirijo-me ao meu amado ser elemental responsável pelo meu corpo físico e a todos os elementos de meus corpos inferiores: eu Vos amo, abençôo e agradeço o serviço prestado a mim. Contemplai o Plano Divino predeterminado à minha emanação de vida, renovai e aperfeiçoai a substância de meus corpos inferiores de acordo com ele, para podermos, juntos, ascensionar.

Que isso seja breve.

Amém.

* * *

224. ATO DE LOUVOR E RECONHECIMENTO AO CORPO ELEMENTAL

Em nome do amor, sabedoria e autoridade de minha Bem-Amada Presença EU SOU e de meu próprio Santo-Ser-Crístico; em nome do Mestre Ascensionado Jesus, o Cristo, apresento o meu amoroso reconhecimento ao meu corpo elemental; e rogo a Deus que faça fluir sobre ele, e os corpos elementais de todos os homens, as bênçãos de amor, paz, saúde e um crescente poder cósmico.

Assim seja.

* * *

225. SÚPLICA EM FAVOR DA ASCENSÃO DE MEU PRÓPRIO SER ELEMENTAL

Bem-Amada Presença Divina EU SOU em mim, Poderoso Hércules e Divina Amazon.

Abençoai o meu ser elemental por seu serviço prestado a mim.

Ao findar-se minha encarnação terrena, ajudai-o a se libertar.

Sem a sua amada presença, eu não poderia existir.

Bem-Amado ser elemental, ascensionai junto comigo!

Bem-Amado EU SOU! *(três vezes)*

Por Vossa própria mão divina, *(três vezes)*

Eu ordeno agora, *(três vezes)*

Pela mão de Hércules, *(três vezes)*

Pela mão de Amazon. *(três vezes)*

Confiando na plena realização deste pedido, rogo que ele seja estendido aos seres elementais da humanidade, até que todos sejam ascensionados e livres.

Assim seja! Bem-Amado EU SOU!

* * *

Apelos em Favor da Infância e da Juventude, e dos que Aguardam a Reencarnação

226. PRECE PELOS NASCITUROS

Poderoso EU SOU, Bem-Amada Mãe Maria e Vós, Seres da Luz Cósmica: providenciai para que todos os nascituros encontrem pais amorosos e bondosos, preceptores pacientes, professores e amigos esclarecidos; que sejam cercados de toda proteção e cuidado, a fim de concluírem a sua missão aqui na Terra.

Bem-Amado Hércules, selai essas emanações de vida com a Vossa poderosa proteção, e que esta as torne incólumes a tudo que não represente a Luz Crística.

Nós Vos agradecemos.

* * *

227. APELO À LEI DO PERDÃO EM FAVOR DA JUVENTUDE

EU SOU a Lei do Perdão e da Chama Transformadora que dissolve e consome toda criação imperfeita – de causas e gérmens – em cada adolescente.

Em nome da Presença Divina EU SOU, e com a força magnética do Fogo Sagrado, presente em nossos corações, apelamos à Bem-Amada Mãe Maria, aos majestosos e pacientes Instrutores do Mundo, Mestres Kuthumi, Jesus, o Cristo, e aos poderosos Seres que se dedicam à juventude: irradiai a Luz Crística sobre o planeta e através de todos os jovens, para que se manifeste a perfeição. A cada um deles, enviai um Anjo preparado para carregá-lo com vibrações de tolerância, pureza, equilíbrio, iluminação, discernimento e tudo o que for necessário para reconhecer a verdade; e assim habilitado, percorrer o caminho da Luz.

Reforçamos o pedido de proteção para aquelas emanações de vida que devam cumprir um acordo especial, isto é, a permuta da Lei da Compensação pelo serviço prestado à Luz Crística.

Nós Vos agradecemos.

* * *

228. APELO PARA INSTRUÇÃO DAS CRIANÇAS E JOVENS

Em nome da Presença Divina EU SOU e do Santo-Ser-Crístico presente em todos os homens, apelamos aos poderosos Seres do Raio Dourado da Iluminação: conduzi as crianças e os jovens, enquanto dormem, ao Templo Etérico da Iluminação, para serem instruídos sobre as Leis da Vida e tudo o que se referir ao trabalho conjunto das nações, a fim de assegurar a paz e a liberdade sobre a Terra.

Nós Vos agradecemos.

* * *

229. APELO AO PODEROSO DEVA LEMUEL (DIRETOR DOS DEVARAJARAS)

Em nome e com o poder do Bem-Amado Deva Lemuel, da Onipotente Presença Divina EU SOU no coração do Universo e de tudo que o vive nesta maravilhosa Terra, eu suplico e confio no desenvolvimento da força do puro Amor Divino, presente no coração de cada criança, para que se realize o Plano Divino predeterminado – purificar e livrar a Terra de todas as trevas.

Apelo a Vós, grandiosos e Bem-Amados Guias dos seres elementais do fogo, ar, água e terra e às Legiões Angélicas: projetai a poderosa Força do Templo Sagrado dos Devarajaras em todas as direções, e implantai-A na Terra.

Registramos, aqui, o nosso agradecimento e confiança no atendimento deste apelo.

Assim seja! Bem-Amado EU SOU! *(três vezes)*

* * *

230. APELO DE PROTEÇÃO AOS JOVENS

EU SOU a Ressurreição e a Vida da vitoriosa iluminação espiritual da geração da Nova Era.

EU SOU a Ressurreição e a Vida do procedimento exemplar dos jovens deste planeta, segundo a Vontade Divina.

Bem-Amado Arcanjo Miguel, livrai a juventude de tudo aquilo que não corresponde ao seu Plano Divino.

* * *

231. APELO EM PROL DA JUVENTUDE

Em nome da Presença Divina EU SOU, apelamos a Vós, Bem-Amado Arcanjo Miguel e à Vossa Legião de Luz!

Vinde com Vossa Flamejante Espada Azul, e **libertai a nova geração de tudo que não é luz.**

(Repetir três vezes.)

* * *

232. APELO EM FAVOR DOS QUE AGUARDAM A REENCARNAÇÃO

Bem-Amada Presença Divina EU SOU em nós e Bem-Amado Arcanjo Gabriel: chamejai, chamejai, chamejai a Chama da Ressurreição através de todos os que esperam reencarnar, para que manifestem a glória e o esplendor do seu próprio Santo-Ser-Crístico.

* * *

233. INVOCAÇÃO PELOS QUE ESPERAM REENCARNAR

Com o poder e a autoridade da Presença Divina EU SOU, apelamos aos Bem-Amados Mãe Maria e Arcanjo Gabriel: irradiai a Chama da Ressurreição através de todos os seres que aguardam a reencarnação, para que se manifeste a perfeição de seu Santo-Ser-Crístico.

Nós Vos agradecemos.

* * *

234. SÚPLICA À DEUSA PÓRTIA PARA OBTER O PRIVILÉGIO DA MATERNIDADE

Bem-Amada Pórtia, Deusa da Oportunidade e da Justiça, apelo a Vós: ajudai-me a auxiliar os meus semelhantes que desejam a oportunidade de encarnar. Enviai-me aquele escolhido por Vós, para que eu possa guiá-lo através de Vossa luz. Que não seja eu a escolher, e sim Vós. Através do amor e da perfeição, desejo conduzi-lo.

Dai-lhe a oportunidade, eu Vos peço com a força e o desprendimento de minha Divina Presença.

EU SOU! EU SOU! EU SOU!

* * *

Preces pelas Almas

235. MÉTODO BREVE DE ASSISTÊNCIA A UM AGONIZANTE

Bem-Amada Presença Divina EU SOU no coração da abençoada alma de...

Curvo-me perante a Presença de nosso Maha Chohan, o Santo Consolador, e sinto a irradiação de Sua paz, como um manto espiritual que abriga e equilibra as energias dessa alma e de todos os que lhe são caros.

Somente harmonia, paz e felicidade deverão manifestar-se no decorrer desse período de transição. Que essa alma passe rápida e suavemente do tabernáculo da carne para a liberdade total do Coração Divino.

Bem-Amado Maha Chohan, suplico que aceiteis seu último suspiro, como lhe destes o primeiro alento na hora de seu nascimento.

Em nome de Kuan Yin, a Deusa da Misericórdia, do Bem-Amado Mestre Jesus, o Cristo, e do Mestre Ascensionado Saint Germain que, na personalidade de São José, tornou-se o "Patrono da Boa Morte", apelo à Lei do Perdão para todas as transgressões contra a vida pura de Deus cometidas por essa alma, não somente nesta última vida terrena, mas ao longo de suas encarnações, desde o início dos tempos.

Peço ao flamejante Perdão do Cristo Cósmico, transmutar todas as energias que foram usadas erroneamente por seus sentidos – audição, visão, fala e tato – e atravessar as manifestações mais sutis do mal que causou limitações nessa alma.

Falo em nome do Mestre Ascensionado Jesus, o Cristo, para o elemental encarregado de sustentar a vida nesse corpo físico e convido-o a cooperar com a vontade de seu Ser Divino, bondosamente dirigindo essa alma, sem lutas, para os braços do Arcanjo Miguel e de Seus Anjos.

O que pedi aqui, hoje, peço para todas as outras almas que deixarão a Terra neste período de vinte e quatro horas e, particularmente, por aquelas que não têm alguém que interceda a seu favor. Assim seja!

* * *

236. SÚPLICA AO BEM-AMADO MESTRE SAINT GERMAIN PELOS QUE DESENCARNAREM NESTE PERÍODO DE VINTE E QUATRO HORAS

Em nome da Presença Divina EU SOU, apelo a Vós, Bem-Amado Mestre Ascensionado Saint Germain, para que tomeis sob Vossa guarda cada emanação de vida que desencarnar neste período de vinte e quatro horas. Carregai-as com a iluminação e a bênção de que precisam.

Eu Vos agradeço.

* * *

237. APELO AOS BEM-AMADOS MESTRES SAINT GERMAIN E SERAPIS BEY

Bem-Amada Presença Divina EU SOU em nós.

Bem-Amados Mestres Ascensionados Saint Germain e Serapis Bey, e todos os Seres Divinos que servem no Sétimo e no Quarto Raios.

Vinde! Vinde! Vinde!

Flamejai, flamejai, flamejai as Vossas Chamas e Raios Cósmicos na causa e origem de todo medo e dor em relação ao processo chamado morte.

Transmutai, transmutai, transmutai com o pleno poder da Chama da Ascensão, para sempre sustentada, poderosamente ativa, expandindo-se e envolvendo o mundo, até que todos os humanos sejam ascensionados e livres!

EU SOU! EU SOU! EU SOU!

* * *

238. SÚPLICA PELAS ALMAS AO BEM-AMADO MESTRE SERAPIS BEY

Bem-Amada Presença Divina EU SOU no coração dos irmãos que partiram, e Bem-Amado Mestre Serapis Bey: pelo poder de seu próprio Santo-Ser-Crístico, **suplicamos que se tornem livres** *(três vezes)* de todas as imperfeições que eles mesmos adquiriram, consciente ou inconscientemente, nesta e em outras encarnações passadas.

Carregai-os com a Vossa confiança, a Vossa alegria e a Vossa gratidão pelo dom da vida.

Conduzi esses irmãos aos Templos da Ascensão. Lá, permiti que os anjos banhem os seus corpos inferiores com a essência purificadora da Luz Cristalina! Depois, por misericórdia, acompanhai cada um à presença do Conselho Cármico.

Ajudai-os a fazerem uma boa avaliação de suas vidas. Dai-lhes uma atribuição que lhes seja grata, e ajudai-os para que obtenham sua Ascensão sem que precisem retornar ao plano terrestre. Nós Vos agradecemos.

Assim seja.

* * *

239. APELO PARA A TRANSMUTAÇÃO DO ÁTOMO PERMANENTE DA MORTE

Bem-Amada Presença Divina EU SOU em nós.

Bem-Amados Mestres Ascensionados Saint Germain, Serapis Bey e todos os Seres Divinos que servem no Sétimo e no Quarto Raios.

Vinde! Vinde! Vinde!

Flamejai, flamejai, flamejai as Vossas Chamas e Raios Cósmicos na causa e origem do átomo permanente da entidade chamada "morte", e em todos os seus tentáculos enraizados na consciência física, etérica, mental e emocional da humanidade, dos anjos prisioneiros, do Reino Elemental e de qualquer vida prisioneira. Aproximai-vos dele e **transmutai-o** *(três vezes)* agora, com o pleno poder da Chama da Ascensão.

Bem-Amado EU SOU: *(três vezes)*
Ordenamos agora, *(três vezes)*
Hoje, imediatamente, *(três vezes)*
Sustentado para sempre. *(três vezes)*

* * *

240. APELO EM FAVOR DOS QUE ESTÃO PARTINDO DO PLANO TERRESTRE

Em nome e pelo poder da Presença Divina EU SOU e do Mestre Ascensionado Jesus, o Cristo, apelo a Vós, Bem-Amado Arcanjo Miguel, em favor dos que se libertaram de seus corpos neste período de vinte e quatro horas.

Livrai-os, imediatamente, da atração magnética da Terra, do apego pelas coisas deste mundo e de todas as paixões, cobiças e luxúrias que os possam prender à esfera terrestre.

Enviai os Vossos Anjos de Luz para envolvê-los e levá-los rapidamente, através dos eflúvios deletérios de nossa atmosfera, para os planos de luz e paz. Preparai-os, por meio do misericordioso Fogo da Purificação, para irem aos Senhores do Carma com as suas vestes tão alvas como a neve.

Ofereço os bens de meu Corpo Causal ao Grande Conselho de Julgamento, em benefício dessas almas, de maneira que sejam levadas rapidamente a escolas onde poderão aprender a Lei e, se necessário, reencarnarem-se harmoniosamente, a fim de atingirem a sua vitória individual na luz.

Agradeço-Vos, ó Príncipe da Legião Celeste, por Vossa presença protetora entre os homens, pelo Vosso cuidado constante e desvelo por nós, não somente na hora da transição chamada "morte", mas também em todos os dias de nossa vida. Abençoado seja o Vosso Nome.

* * *

241. OUTRO APELO EM FAVOR DAS ALMAS*

Bem-Amada Presença Divina EU SOU e Santo-Ser-Crístico de todas as almas que partem desta Terra em cada vinte e quatro horas!

Purificai essas almas!

Elevai tudo nelas!

Purificai-as na Chama da Ascensão!

Amém.

* * *

242. PRECE PELAS ALMAS QUE PARTEM

Bem-Amada Presença Divina EU SOU no coração de todas as almas, e das emanações de vida que, neste momento, estão para desencarnar; Bem-Amado Arcanjo Miguel e Anjos da Libertação: chamai os Anjos do Amor para levarem rapidamente essas almas abençoadas da atmosfera da Terra, para os reinos da luz. Ajudai-as a se purificarem com o Fogo Violeta, a fim de que estejam livres dos erros da Terra quando se apresentarem aos Senhores do Carma. Auxiliai-as perante o Conselho Cármico! E a Vós, Grandes Legiões de Luz, apelamos por avalistas para essas emanações de vida, quando os seus nomes forem citados e os livros de suas vidas forem lidos. Oferecemos amor e luz de nossa própria Consciência Crística para ajudá-las, desejando que freqüentem as escolas da Grande Luz e aprendam a Lei da Vida; e quando retornarem a este mundo, tornem-se aptas para a Ascensão.

Ajudai essas almas a se encarnarem em famílias de grande luz e dai-lhes todo auxílio.

Nós Vos agradecemos pelo atendimento deste apelo.

* * *

* Este apelo pode ser adaptado para os reinos da natureza, animal e a todo tipo de vida prisioneira.

243. APELO POR UMA ALMA QUE DESENCARNOU

Bem-Amada Presença Divina EU SOU de... (dizer o nome completo), e poderoso Arcanjo Miguel e Legião Angélica, nós Vos suplicamos: libertai esta alma de sua imperfeição, de seus erros e faltas cometidas durante a sua vida na face da Terra.

Envolvei-a em um poderoso círculo de luz azul, protetor, a fim de conduzi-la através dos mundos inferiores. Auxiliai-a para que reconheça o seu longo caminho a percorrer.

EU SOU a Ressurreição e a Vida de... *(Repetir três vezes.)*

* * *

244. PRECE EM FAVOR DE NOSSOS ENTES QUERIDOS

Bem-Amada Presença Divina EU SOU em nós, Bem-Amado Arcanjo Miguel e Vossa Ascensionada Legião de Luz!

Recebei os nossos entes queridos, quando o véu da morte os cobrir, e libertai-os de suas criações humanas; guiai-os ao Templo do Reino Interior, que já se encontra preparado, à sua espera, para que obtenham a sua Ascensão o mais depressa possível. Nós Vos agradecemos.

* * *

245. APELO AO BEM-AMADO ARCANJO MIGUEL

Bem-Amado Pai Celestial e Vosso Divino Mensageiro Arcanjo Miguel.

Nós Vos bendizemos por Vossa assistência a todo o Universo, e suplicamos a presença do Príncipe Miguel e Sua Legião de Luz na atmosfera da Terra. Libertai toda alma pertencente a esta evolução de qualquer substância, energia, hábitos, tendência e desejos que não sejam divinos.

Rogamos a Vossa intercessão em favor de nossos entes queridos encobertos pelo véu da morte. Seccionai todas as cadeias de ódio e avareza que os prendam à Terra. Levai-os ao Vosso Templo da Fé, para que se instruam na verdadeira fé em Deus e preencham os seus corações com o desejo de obedecer à Altíssima Vontade do Pai.

Suplicamos a Vossa Presença dentro de todos os presídios, e também em todos os lares e locais de devoção.

Dissolvei, Bem-Amado Príncipe, a causa de todas as impurezas individuais, nacionais e planetárias. Ensinai-nos a servir o Pai, e a melhor maneira de removermos a camada astral que paira, como uma nuvem espessa, em torno da Terra.

Levai todas as almas desencarnadas e os elementais que ali se encontram, que ainda não acolheram a Vontade Divina.

Bem-Amado Príncipe Miguel, ajudai-nos a cumprir a Vontade Divina neste plano e em toda parte. Removei a rebelião e a desobediência desta evolução no interior, na superfície e na atmosfera da Terra.

Nós Vos agradecemos, abençoado Príncipe da Legião Angélica! Depositamos nossa confiança em Vossa amizade e em Vossa intercessão em favor de toda vida.

Amém!

* * *

246. APELO EM FAVOR DAS ALMAS PRISIONEIRAS

Em nome de nossa Divina Presença EU SOU, apelamos a Vós, Arcanjo Miguel, Príncipe da Legião Celeste, para que nos permita participar de Vosso ministério, tornando-nos coadjuvantes na libertação de toda vida prisioneira, a fim de que retornem a seu estado divino. Lembrai-nos invocar a presença de Vosso abençoado Ser, por meio de apelos em benefício das almas dos homens, onde quer que se faça necessário, para que possam ser levadas, rapidamente, do plano físico ou astral para os Templos da Ascensão, apoiadas em Vossa amorosa misericórdia, lá aprendendo a Lei do Amor aos pés dos Mestres Ascensionados.

Bem-Amado Arcanjo, nós, os filhos da Terra, Vos enviamos a nossa gratidão por Vosso auxílio e amor protetor ao longo das idades.

* * *

247. APELO EM FAVOR DAS ALMAS

Bem-Amada Presença Divina EU SOU em mim, Bem-Amado Arcanjo Miguel e Vossa Ascensionada Legião de Luz!

Apelo a Vós em favor das almas daqueles que não estão completamente livres em sua transição a outro plano.

Purificai suas almas, Bem-Amado EU SOU. *(três vezes)*

Purificai suas almas pelo poder do Cristo Cósmico. *(três vezes)*

Purificai suas almas agora. *(três vezes)*

Purificai suas almas para sempre. *(três vezes)*

Espero e confio que este apelo seja eternamente sustentado, até que todos sejam ascensionados e livres!

Bem-Amado EU SOU!

* * *

248. INVOCAÇÃO DIÁRIA PELOS QUE ESTÃO DEIXANDO A TERRA

Bem-Amada Presença Divina EU SOU no coração de todos os homens! Bem-Amado Miguel, Arcanjo da Libertação! Bem-Amada Legião Angélica!

Em nome da humanidade da Terra, particularmente daqueles que estão sendo chamados de sua forma carnal, no dia de hoje, apelo para que os Anjos da Paz permaneçam próximos aos seus corpos físicos e façam com que a atmosfera do local onde ocorram os seus passamentos esteja em perfeita paz.

Que uma aura de santidade esteja presente nessa hora solene em que a alma deve sair do tabernáculo da carne; e que nem tristezas nem temores perturbem a transição pelo limiar, o degrau para uma nova liberdade. Que os Anjos da Libertação encontrem cada alma! Que nenhuma emanação de vida pertencente à nossa evolução passe sem atendimento através do processo chamado “morte”.

Levai cada uma para os Templos da Misericórdia e do Perdão, a fim de serem envolvidas no fogo purificador da Chama Violeta de Saint Germain.

Preparai-as para que atravessem os Átrios do Carma com dignidade e bem informadas. Que sejam encaminhadas para as escolas dos Mestres que lhes competem e aprendam as suas lições baseadas em suas próprias vidas.

Apelo aos Senhores da Misericórdia e do Amor para que envolvam todos os agonizantes e os que acabaram de deixar a Terra. Que sejam dissolvidos as suas dores e lamentos! Que os seus lares sejam preenchidos com o sentimento de gratidão pela oportunidade proporcionada a seus queridos de conhecerem mais liberdade e progredirem no caminho do aperfeiçoamento.

Assim seja!

* * *

249. PRECE PELOS SERES QUE VIVEM NAS TREVAS DO PLANO ASTRAL

Em nome da Bem-Amada Esperança, complemento divino do Arcanjo Gabriel, envio a todos os seres que vivem nas trevas do baixo plano astral, e a toda alma prisioneira da Terra, o meu amor e a minha luz.

Que isso possa auxiliar aqueles que procuram o caminho da luz, a manter inalterado o sentimento do amor até a sua vitoriosa Ascensão.

Assim seja.

* * *

250. APELO À BEM-AMADA ASTREA, DEUSA DA PUREZA

Bem-Amada e Poderosa Presença Divina EU SOU em mim e Bem-Amada Astrea! Envolvei, com o Vosso Círculo Cósmico e Espada de Chama Azul, que possuem a força dos sóis do Grande Sol Central, todos os carmas destrutivos daqueles que partem da Terra a outro plano, neste ano.

Cercai e transmutai *(três vezes)* toda causa, efeito, marcas e recordações, para que isso não mais perdure.

Transmutai tudo com a Chama Cósmica e com o poder de três vezes três.

* * *

251. APELO À DEUSA DA MISERICÓRDIA EM FAVOR DOS QUE TIVERAM MORTE REPENTINA

Pedimos compaixão e misericórdia para com nossos irmãos que, bruscamente, foram retirados de sua existência na Terra, ou forçados por circunstâncias diversas...

Elevamos o nosso amor a Vós, Kuan Yin – Deusa da Misericórdia – e imploramos o Vosso auxílio, consolo, compaixão e ânimo, para que eles possam vencer as provas que lhes são impostas e não vacilem em sua fé, e sejam sempre envoltos em Vosso infinito amor.

Assim seja.

* * *

252. UM EXORCISMO SIMPLES*

Em nome do Ascensionado Mestre Jesus Cristo.

Eu vos amo... (chamai a alma pelo nome, se souberdes, repetindo a frase três vezes).

Agora, em amor, ide de volta ao Pai, e ocupai-vos com o Seu Serviço, ao invés de permanecerdes aqui na Terra.

Assim seja!

* * *

* Entre os vários elementos que agem sobre o ser humano, o mais perturbador e o que mais ameaça as suas estruturas físicas e espirituais é o parasitismo exercido por uma alma, porque é a atuação consciente de um ser sobre outro, causando-lhe a deformação dos sentimentos e idéias, perturbando sua mente, o que pode levá-lo a práticas e atitudes contrárias ao equilíbrio orgânico e psíquico. Muitas pessoas excessivamente tímidas, desanimadas, dependentes e incapazes para a vida normal, são exemplos típicos de parasitismo.
A alma parasitária ajusta-se à pessoa na posição de uma subpersonalidade, e ambas vivem em sintonia; mas o parasita, às custas do que está encarnado. A vítima sofre um desgaste progressivo das energias mentais e vitais, perdendo sua capacidade individual de sobrevivência e conservação.
As causas dessa situação mórbida muitas vezes têm origem em processos cármicos de vidas anteriores; mas urge procurar recursos, através de apelos, aos Grandes Seres Protetores, e de reorientação da própria conduta.

252-A. EXORCISMO

Em nome de minha Divina Presença EU SOU, apelo aos Bem-Amados Arcanjo Miguel e Astrea: encerrai esta casa dentro de Vosso Cinturão de Chama Azul e defendei-nos do assédio de entidades do astral.

Afastai-as de nós e, pelo Fogo Sagrado, dissolvei as suas vibrações e influências perniciosas, bem como toda causa e gérmen de nossos sofrimentos e limitações.

Pela Divina Misericórdia, ordenai aos Anjos da Libertação conduzi-las aos Templos da Misericórdia e do Perdão, a fim de serem envolvidas no fogo purificador da Chama Violeta de Saint Germain.

Eu Vos agradeço.

* * *

Invocações Diversas

253. APELOS PARA ALCANÇAR A PROSPERIDADE

Ó Deus Todo-Poderoso, presente em meu coração, ó Deus do Ouro, enchei a minha taça de todo ouro necessário à expansão da luz.

EU SOU! EU SOU! EU SOU!

Ó Deus Todo-Poderoso, presente em meu coração, ó Deus do Ouro, enchei as minhas mãos de todo dinheiro necessário à realização do Plano Divino.

EU SOU! EU SOU! EU SOU!

Ó Deus Todo-Poderoso, presente em meu coração, ó Deus do Ouro, atraí ao nosso santuário as almas que têm a compreensão dos ensinamentos divinos e sentem necessidade de os divulgar entre os humanos.

EU SOU, EU SOU a lei do poder de atração do ouro e do dinheiro necessários à realização do Plano Divino aqui na Terra.

Eu Vos agradeço, ó Deus Todo-Poderoso, presente em meu coração, ó Deus do Ouro, o poder de atração que me destes.

Eu peço e comando que este apelo seja atendido com a rapidez do relâmpago, pela luz do Grande Sol Central.

* * *

254. Ó Deus Todo-Poderoso, presente em meu coração, ó Deus do ouro, colocai-me em vossa corrente; que ela me transporte e me dê todo o ouro e as riquezas materiais de que os Mestres têm necessidade, para que eu realize a Sua tarefa no plano físico.

Dai-me, ó Deus do Ouro, Vosso campo magnético. Dai-me, ó Deus do Ouro, o poder de atração do dinheiro que necessito.

EU SOU! EU SOU! EU SOU!

EU SOU, EU SOU a lei do poder de atração das riquezas necessárias à realização do Plano Divino.

Eu Vos agradeço, ó Deus Todo-Poderoso, presente em meu coração, ó Deus do Ouro, o poder que me destes.

Eu peço e comando que este apelo seja atendido com a rapidez do relâmpago, pela luz do Grande Sol Central.

* * *

255. Ó Deus Todo-Poderoso, presente em meu coração, ó Toda-Poderosa Presença EU SOU!

Dai-me todo o dinheiro necessário para viver e Vos servir.

EU SOU! EU SOU! EU SOU!

Eu Vos agradeço, ó Deus Todo-Poderoso, presente em meu coração, ó Toda-Poderosa Presença EU SOU, por atenderdes ao meu apelo.

* * *

256. Vesta, Hélios e Júpiter!

Dai-me o Raio Verde da Abundância; mantende-me firmemente dentro dele, até que sejam varridas e consumidas as limitações e deficiências.

EU SOU! EU SOU! EU SOU!

Eu vos agradeço, Vesta, Hélios e Júpiter.

* * *

257. EU SOU, EU SOU a Lei do Amor Cósmico do Ímã* do Grande Sol Central, que atrai a mim tudo o que os Mestres Ascensionados sabem que vou desejar para executar o Plano Divino.

EU SOU, EU SOU o discernimento dos Mestres no uso de tudo aquilo que me é dado, e eu o emprego para realizar o Plano Divino.

EU SOU! EU SOU! EU SOU!

* * *

* O Ímã do Grande Sol Central é um foco de amor tão intenso pelo Sol físico, que o torna o centro das correntes magnéticas de atração para tudo o que desejardes, e que esteja de acordo com o Plano Divino.

258. EU SOU, EU SOU a lei da eterna iluminação do Cristo Vitorioso, e o Ímã do Grande Sol Central que, por seu amor, a atrai a mim das alturas da Criação.

EU SOU, EU SOU a realização do que eu desejo neste instante mesmo, e para sempre.

EU SOU! EU SOU! EU SOU!

* * *

259. APELO PODEROSO AO BEM-AMADO OROMÁSIS, PRÍNCIPE DO FOGO

Ó Deus Todo-Poderoso, presente em nossos corações; Oromásis, Príncipe do Fogo, vinde ajudar em nossa tarefa.

Tomai esse feixe de Chama Violeta, multiplicai-o ao infinito e jogai todos eles na discórdia.

Oromásis, Príncipe do Fogo, vinde ao nosso apelo, tomai todas essas bombas de Chama Azul e projetai-as na discórdia.

Oromásis, Príncipe do Fogo, tomai todos esses discos de Chama Azul e jogai-os sobre os humanos.

Oromásis, Príncipe do Fogo, tomai todas essas bolas de ouro e projetai-as no coração dos humanos.

Oromásis, Príncipe do Fogo, tomai todas essas Chamas Trinas e implantai-as nas casas.

Oromásis, Príncipe do Fogo, tomai todas essas cruzes de Chama Branca e pousai-as no peito dos humanos.

Oromásis, Príncipe do Fogo, tomai todos esses mantos de proteção e cobri com eles os humanos.

Oromásis, Príncipe do Fogo, tomai todas essas bolas rosadas e projetai-as para Deus; é nosso reconhecimento.

Oromásis, Príncipe do Fogo, nós Vos agradecemos a ajuda e o apelo que nos destes.

EU SOU! EU SOU! EU SOU!

Eu peço e comando que este apelo seja atendido, com a rapidez do relâmpago, pela luz do Grande Sol Central.

* * *

260. APELO AO BEM-AMADO MESTRE DJWAL KHUL

Ó Deus Todo-Poderoso, presente em nossos corações, ó Bem-Amado Mestre Djwal Khul, abençoai e instruí, por meio de Vossos Raios, os grupos de discípulos espalhados pelo mundo. Amado Mestre, esperamos, confiantes, o atendimento deste nosso apelo.

Assim seja.

* * *

261. OUTRO APELO AO BEM-AMADO MESTRE DJWAL KHUL

Em nome de nossa poderosa Presença Divina EU SOU, rogamos ao Amado Mestre Djwal Khul e à Fraternidade de Royal Teton projetarem sobre nós a Chama Verde-Dourada da Precipitação. Apelamos à força e ao poder dessa maravilhosa Chama para criarmos somente o bem, a beleza e a harmonia em nossas vidas.

EU SOU a Chama Verde-Dourada da Precipitação, que faz surgir a perfeição em nossas vidas. EU SOU a Chama Criadora que precipita os bens de nosso próprio Corpo Causal agora mesmo.

EU SOU! EU SOU! EU SOU!

* * *

262. APELO

Em nome de nossa Presença Divina EU SOU, agradecemos a oportunidade de colaborar nas obras e ações dos Mestres Ascensionados e Seres Cósmicos destinadas à realização do Plano Divino da Terra e de sua humanidade.

Poderoso EU SOU, assumi a orientação e o controle de nossos corpos inferiores e de nosso mundo; preenchei este recinto até transformar-se em um Foco de Luz, através do qual as dádivas possam afluir e expandir-se, para abençoar a vida.

Nós Vos agradecemos.

* * *

263. APELO

Em nome de nossa Presença Divina EU SOU, apelamos ao Santo-Ser-Crístico presente em todos os corações humanos: atraí a este Foco de Luz aqueles que estão desejosos de servir, e assim mantende-os, até serem livres e eternamente ascensionados.

* * *

264. APELO

Em nome da Presença Divina EU SOU, recorremos a Vós, poderosos Elohim Hércules e Arcanjo Miguel! Suplicamos a Vossa proteção cósmica e a Sua projeção do centro do campo de força da Hierarquia Espiritual, a cada Foco de Luz sobre a Terra e a tudo que, de qualquer modo, serve para a sua sustentação.

* * *

265. APELO DE PROTEÇÃO AO SANTUÁRIO

Ó Deus Todo-Poderoso, presente em meu coração, grande coro de Mestres Ascensionados, Legiões Angélicas, grandes Seres Cósmicos e Poderes da Luz!

Em nome da poderosa Presença EU SOU, em nome da Lei Cósmica, eu suplico que a proteção cósmica do Fogo Sagrado do Grande Sol Central desça, desça, desça neste santuário e impeça de aqui entrar qualquer força destrutiva... Que todos nós sejamos livres, livres, livres de sua influência por toda a eternidade.

Eu peço que este apelo seja manifestado fisicamente.

EU SOU! EU SOU! EU SOU!

* * *

266 .APELOS À LEI DO AMOR DO ÍMÃ DO GRANDE SOL CENTRAL

EU SOU, EU SOU a Lei do Amor Vitorioso do Ímã do Grande Sol Central, que governa tudo em meu ser e em meu mundo.

EU SOU, EU SOU a Lei do Amor Vitorioso do Ímã do Grande Sol Central, que controla todos os acontecimentos para sempre.

EU SOU, EU SOU a Lei do Amor Vitorioso do Ímã do Grande Sol Central, que espalha em mim e em torno de mim tudo o que me é necessário para a minha Ascensão nesta encarnação.

EU SOU! EU SOU! EU SOU!

* * *

267. Ó Toda-Poderosa Presença EU SOU! Carregai, carregai, carregai... (dizer o nome completo da pessoa), com o poder do amor do Ímã do Grande Sol Central em ação.

EU SOU! EU SOU! EU SOU!

* * *

268. APELO AOS GRANDES SERES PARA SUPERAR O ÓDIO E O CIÚME

Ó Deus Todo-Poderoso, presente em meu coração, ó Mestres Ascensionados, ó Grandes Seres e Potências da Luz, ó Bem-Amado Saint Germain, dai-me a força de superar o ódio e o ciúme; ajudai-me a romper os laços das trevas.

EU SOU! EU SOU! EU SOU!

Ó Deus Todo-Poderoso, EU SOU, EU SOU, EU SOU a Presença de Deus em ação.

* * *

269. APELO DE PROTEÇÃO CONTRA O ORGULHO E A VAIDADE

Ó Deus Todo-Poderoso, presente em meu coração, ó Grande Diretor Divino, guardai-me do orgulho. Protegei-me da vaidade, a fim de que eu utilize os Vossos poderes para o bem dos humanos.

EU SOU! EU SOU! EU SOU!

Eu Vos agradeço, ó Deus Todo-Poderoso, presente em meu coração, ó Grande Diretor Divino, a proteção que quereis me dar.

E peço que este apelo seja manifestado fisicamente.

* * *

270. APELO À PROTEÇÃO DOS MESTRES ASCENSIONADOS*

Ó Deus Todo-Poderoso, presente em meu coração, ó Toda-Poderosa Presença EU SOU e grande coro de Mestres Ascensionados: espalhai em mim a luminosa essência cósmica. Espalhai seu poder invencível em torno de mim e em meus negócios. Fazei dela um farol que me guie em meus atos e esclareça a minha rota. Que ela me envolva com tanta luz, que eu não veja senão a perfeição.

EU SOU! EU SOU! EU SOU!

* * *

271. APELO DE PROTEÇÃO CONTRA CALÚNIAS

Ó Deus Todo-Poderoso, presente em meu coração, ó Deus de Misericórdia, ó Mercúrio, Mestre adorado, iluminai o cérebro dos caluniadores e prendei as suas ações em Vossos fios de prata, a fim de que suas palavras e pensamentos não possam se propagar no mundo.

EU SOU! EU SOU! EU SOU!

EU SOU, EU SOU a lei da cessação imediata das calúnias no mundo.

Eu peço que este apelo seja manifestado fisicamente.

* * *

272. OUTRO APELO DE PROTEÇÃO

Ó Deus Todo-Poderoso, presente em meu coração! Grande coro dos Mestres Ascensionados! Poderosas Legiões da Luz! Grande Hierarquia de Anjos e todos aqueles que regem a Luz Cósmica! Vinde, vinde, vinde em vossos corpos visíveis e tangíveis de Mestres Ascensionados.

* É recomendável fazer este apelo de manhã, ao acordar.

Eu peço que o manto de invisibilidade, de invencibilidade e de invulnerabilidade do Cristo Cósmico seja estendido em torno de mim a cada instante, de cada dia, como uma proteção invencível contra as forças das trevas, neste instante mesmo e por toda a eternidade.

EU SOU! EU SOU! EU SOU!

Eu peço e comando que este apelo seja atendido, com a rapidez do relâmpago, pela luz do Grande Sol Central.

* * *

273. APELO

EU SOU a perpétua expansão da perfeição de minha Presença EU SOU.

Reconheço a minha ilimitada capacidade de fazer o que desejo para atrair e expandir a perfeição em meu próprio mundo, e enviar a minha energia assim qualificada a tudo o que existe neste planeta. EU SOU o equilíbrio perfeito na vida de cada indivíduo sobre o planeta.

EU SOU o silêncio!

EU SOU o silêncio!

EU SOU o silêncio!

Eu vivo, movo-me e tenho a minha existência no poder do Grande Silêncio!

* * *

274. APELO PARA OBTER O EQUILÍBRIO PERFEITO

Em nome e com a autoridade de minha própria Bem-Amada Presença EU SOU, apelo a Vós, Bem-Amado Gautama, Senhor do Mundo, e a Vós, Bem-Amado Mestre Ascensionado Saint Germain, para carregar o meu mundo e todas as minhas atividades com a Vossa virtude do equilíbrio perfeito.

Auxiliai-me, por meio do equilíbrio perfeito, a percorrer sempre o Caminho do Meio. Preenchei o meu mundo com paz, harmonia e alegria no servir, de modo que eu possa alegrar-me com a vibração acelerada da vida e extrair bom proveito dela.

Ajudai-me a manter um controle consciente de minha energia, a fim de poder alegrar-me na vida prática do dia-a-dia, com equilíbrio, estabilidade, mente atenta, pureza e maior vitalidade física.

Auxiliai-me a sustentar a reverência e o autodomínio, que vêm a ser as virtudes divinas do verdadeiro Ser dos Sete Raios. Tudo o que peço para mim, peço também para os discípulos da Era da Liberdade.

No santíssimo nome de Deus EU SOU.

* * *

275. APELO PARA OBTER O DESLIGAMENTO DA CONSCIÊNCIA DAS MASSAS

Em nome da santíssima e infinita Presença Divina EU SOU, dos Bem-Amados Deuses Pai-Mãe, dos Bem-Amados Aéolo e Elohim Vista, apelo: ensinai-me a desligar os meus corpos inferiores da consciência das massas, e a sintonizá-los com a atividade vibratória das esferas elevadas. Acelerai a vibração de meus corpos superiores e conservai-os protegidos contra qualquer força maligna, enquanto mantendes a minha mente e os meus corpos constantemente voltados para os reinos superiores.

Ofereço ao Coração Celestial o meu corpo emocional. Preenchei-o com a substância, o sentimento e as virtudes dos Mestres Ascensionados, que só expressam a perfeição. Auxiliai-me a conservar no Coração Celestial a minha natureza sentimental, de modo que nenhuma experiência interna ou externa seja tão importante, que possa rebaixar o meu nível vibratório.

Elevo, agora, o meu corpo mental a Deus Todo-Poderoso. Enquanto acelerais a sua vibração, conservai-o atento e espiritualizado, vivaz e receptivo à inspiração do Plano Divino. Auxiliai-me a sustentá-lo dentro dessa Mente Divina, de modo que jamais se torne parte do pensamento das massas deste mundo confuso e conturbado.

Bem-Amada Astrea, Deusa da Pureza, ofereço-Vos o meu corpo etérico. Mergulhai-o na "Água da Pureza" e na Chama da Pureza, e zelai para que ele somente registre a perfeição.

Bem-Amado La Moray, Senhor da Harmonia, apelo à Vossa inestimável assistência: fazei fluir sobre a minha emanação de vida a ininterrupta harmonia. Suplico que a Chama dos Mestres flameje em minha testa, a fim de proteger-me contra impressões externas.

Abençoados Amigos Celestiais: fervorosamente, Vos suplico que aceiteis os meus corpos inferiores. Aprimorai-os, até se tornarem perfeitos veículos para o meu Santo-Ser-Crístico expressar-se, realizando, assim, o meu Plano Divino.

Apresento-Vos o meu amor e gratidão por essa assistência tão necessária. Confiante, espero essa bênção manifestando-se neste mundo.

EU SOU! EU SOU! EU SOU!

* * *

276. APELO

Bem-Amada Presença Divina EU SOU, derramai a luz de Vossa misericórdia em minha consciência; nutri a semeadura do Mestre em meu coração. Salvai-me de pertencer àqueles que se esforçam, porém não conseguem inflamar as suas próprias consciências; que aceitam a Vossa palavra, entretanto não a seguem; que percebem a Vossa sabedoria, contudo não a assimilam; que acreditam, mas não vivem de acordo com a fé. Assim, peço que Vossa palavra algum dia não se erga em juízo contra mim.

* * *

277. APELO A GODFRÉ RAY KING (DEUS DA OBEDIÊNCIA)

Em nome e com a autoridade de minha Presença EU SOU, apelo a Vós, Godfré Ray King, Deus da Obediência: inundai-me com a sublime virtude da obediência, juntamente com a humildade, para que eu possa galgar a escada espiritual e alcançar altíssimas bênçãos de meu Eu Superior, e ser uno com a Grande Fraternidade Branca.

EU SOU a obediência divina, o Senhor de meu ser.

EU SOU a humildade divina, o Senhor de meu ser.

Que eu jamais esqueça de ser obediente e humilde.
Eu Vos agradeço.

* * *

278. APELO AO BEM-AMADO MESTRE LA MORAY

Em nome e com o poder de nossa Presença Divina EU SOU, apelamos a Vós, Bem-Amado La Moray: estendei as Vossas mãos sobre nós e derramai a Vossa virtude da harmonia sobre a Terra.

Enviai a cada lar os Vossos mensageiros protetores.

Auxiliai-nos a trazer sustentada a Vossa irradiação harmônica, a fim de que possamos ser, a cada momento, um Foco de Luz a serviço de Vosso poderoso *momentum* de harmonia.

Nós Vos agradecemos.

* * *

279. OUTRO APELO AO BEM-AMADO MESTRE LA MORAY

Bem-Amado La Moray,
Senhor da harmonia,
Peço alegria, peço felicidade;
Suplico equilíbrio para os meus corpos (físico, etérico, emocional e mental).
Enchei a minha vida de paz.
A harmonia me pertence e inunda o meu mundo.
Espalhai a harmonia que agora sinto.
Transpassai, Senhor Amado,
Todos os elementais que formam os meus corpos;
Inundai a Terra com a Vossa luz!
Amém.

* * *

280. APELO À BEM-AMADA PÓRTIA

Em nome de nossa Divina Presença EU SOU, apelamos a Vós, Bem-Amada Pórtia, Deusa da Oportunidade e da Justiça: auxiliai-nos a distinguir a oportunidade em nossa vida cotidiana, a fim de constituirmos uma bênção para os Mestres Ascensionados e o próximo. Dai-nos a oportunidade e orientai-nos, porque aspiramos servir a Deus e somente fazer a Sua vontade; seremos, em todas as ocasiões, uma tocha de luz flamejante.

EU SOU LUZ! EU SOU LUZ! EU SOU LUZ!

* * *

281. CONSAGRAÇÃO DIÁRIA

Bem-Amada Presença EU SOU em mim, Bem-Amado Mestre Ascensionado Saint Germain e Bem-Amada Pórtia, Deusa da Oportunidade e da Justiça:

* aqui estão as minhas mãos para Vos servir;
* meus pés, para serem os Vossos mensageiros;
* meu coração, para Vos amar;
* meus lábios, para Vos louvar;
* meus ouvidos, para ouvirem as Vossas palavras;
* meus olhos, para verem somente a perfeição e
* minha mente, para realizar tudo aquilo que prometi cumprir antes de nascer.

Peço-Vos ajuda para concluir, aqui e agora, o meu Plano Divino. Desde já, Vos agradeço a oportunidade que me destes.

Amém.

* * *

282. UM APELO AO ANJO DA CONSOLAÇÃO (POR SANTO AÉOLO)

Ó humanidade, que procuras o consolo e o fim de todos os tormentos, doenças e mortes!

Ó humanidade, que, séculos após séculos, estais presa às trevas autocriadas!

Ó reino elemental, prisioneiro do pensamento e sentimento das massas humanas!

Ó anjos amoráveis, cujas asas estão atadas e se encontram banidos da pátria!

Ó animais, que não podeis falar e, por isso, sois incapazes de orar; tampouco possuís consciência que possa ascensionar à eternidade, e nem sequer tendes quem ore por vós!

Ó poderosa força dos elementos – ar, água e terra – que, por misericórdia, sois contida!

Ó grande poder do fogo, que, semelhante a um hábil cocheiro, mantendes, por misericórdia, as rédeas dos quatro corcéis fogosos!

Em nome do Deus Todo-Poderoso, em nome do Espírito Santo deste Universo, invoco o consolo cósmico e projeto a Chama em cada elemento, cada alma e cada consciência. Todos devem ser consolados! Que terminem a angústia e o sofrimento!

Ó Poderoso Deus Eterno, que Me possibilitastes canais receptivos, discípulos esses que estão prontos a auxiliar-Me na distribuição da energia de Meu Ser! Sou grato àqueles que distribuíram a Minha Substância no mundo físico. Caudais de forças do consolo cósmico afluam às consciências receptivas de toda emanação de vida.

Ó poderosas legiões de anjos e devas do consolo do Universo, vinde todos, trazendo a cada elétron deste planeta o consolo cósmico.

* * *

283. PRECE MISERICORDIOSA PELOS NOSSOS AMIGOS, OS ANIMAIS

Ó grande e misericordioso Deus de todos!

Invocamos a plenitude de Vossa compaixão para todos os nossos amigos, os animais, especialmente àqueles que estão exauridos por excesso de trabalho, ou são cruelmente tratados!

Para toda criatura agoniada que, no cativeiro, debate-se contra as suas grades!

Para todos os que padecem dores, suplicamos a Vossa doce misericórdia!

Que possamos ser para eles os "Amigos da Misericórdia".

Que eles sejam envoltos no amor vitorioso em todos os lugares e recantos da Terra.

Em nome da Altíssima Vida de Deus, presente em toda parte, e em nome do Mestre Ascensionado Jesus Cristo, suplicamos que isso seja feito na Terra, agora!

Assim seja.

* * *

284. APELO DE PROTEÇÃO CONTRA A ASFIXIA*

Bem-Amados Maha Chohan, Thor e Áries, peço-Vos que nenhum ser humano ou animal (tanto individual como coletivamente), sofra acidente que o asfixie; que jamais lhe falte a capacidade de respirar, livremente, o ar doado por Deus.

Eu Vos agradeço.

* * *

285 APELO AO MESTRE PRINCÍPIO

Em nome da minha Divina Presença EU SOU, apelo ao Bem-Amado Mestre Princípio para que derrame em minha vida um caudal de energia que vem a ser a Ordem Cósmica. Mentalizo uma taça dessa substância brilhante sendo entornada em minha consciência, equilibrando o meu mundo cotidiano e as minhas atividades espirituais.

Apelo, neste momento, aos verdadeiros Instrutores e Mestres, pedindo a orientação e obtenção daquilo que é necessário para que o meu crescimento espiritual se faça de maneira mais acentuada.

Eu cedo à Vontade Divina, mesmo em se tratando de minha Ascensão na luz, pois ela me conduzirá ao verdadeiro equilíbrio e sintonia com a minha Chama Gêmea, e as minhas forças serão, assim, muitíssimo intensificadas.

Meu amigo na luz, Mestre Princípio, eu Vos agradeço por este belíssimo apelo.

* * *

* Como os acidentes em subsolo de minas, desmoronamentos, etc.

286. APELO AO SENHOR DA ORDEM CÓSMICA

Em nome da Presença Divina EU SOU, apelamos a Vós, Bem-Amado Mestre Princípio, Senhor da Ordem Cósmica, a Quem amamos, bendizemos e agradecemos o surgimento após o Grande Silêncio: conduzi as irradiações da Ordem Cósmica a todas as pessoas, instituições e governos; a todos os planejamentos e desígnios que visem ao progresso da humanidade e de toda vida sobre a Terra.

Agradecemos o atendimento deste nosso pedido.

* * *

287. SÚPLICA PELOS RETARDATÁRIOS

Em nome dos Bem-Amados Instrutores do Mundo, Kuthumi e Lanto, e dos Grandes Seres do Raio Violeta, afirmamos: EU SOU a poderosa corrente de energia divina que promove a instituição de estabelecimentos de ensino no Reino Interno, com a finalidade de instruir os retardatários de outras estrelas.

Com o poder e a autoridade de nossa Divina Presença EU SOU, apelamos à transmutadora força do Fogo Violeta para consumir todo fardo cármico dessas emanações de vida, a fim de que, esclarecidas e purificadas, alcancem a Iiberdade.

Assim seja.

* * *

288. SÚPLICA POR UM INTRANSPONÍVEL REVESTIMENTO DE AMOR DE HÉLIOS E VESTA

Em nome e com a autoridade de nossa poderosa Presença EU SOU e dos Bem-Amados Hélios e Vesta, recorremos às forças da Luz do Grande Sol Central: mantende o campo eletrônico do Universo dentro de um intransponível revestimento de amor, perenemente puro e perfeito, seja qual for o canal por onde ele flua. Imploramos que todas as dádivas divinas desenvolvam-se, naturalmente, para abençoar cada vida.

Assim seja.

* * *

289. APELO AOS PROTETORES DA SÉTIMA RAÇA-RAIZ

Bem-Amada Presença Divina EU SOU e poderoso Fogo Sagrado em nossos corações!

Apelamos aos Bem-Amados Arcanjo Miguel e Astrea; aos Anjos do Círculo Cósmico e à Flamejante Espada de Chama Azul; à Hoste Cósmica dos Raios Azuis do Grande Sol Central; aos Bem-Amados Arcanjo Ezequiel e Ametista e às Legiões da Ordem de Ezequiel; aos abençoados Elohim da Criação, grandes construtores de todos os modelos edificantes; aos poderosos Devarajaras das evoluções!

Nós, discípulos do Bem-Amado Saint Germain, apelamos, em nome da autoridade de Saithrhu, o manu da Sétima Raça-Raiz e de todos os protetores da raça vindoura.

Invocamos a Vossa poderosa ajuda, assistência e presença hoje, aqui... Vinde, vinde, vinde. Criai, manifestai, expandi, mantende e executai a Lei Cósmica, para fazer da América do Sul um maravilhoso torrão natal para os filhos da primeira sub-raça da Sétima Raça-Raiz.

Agradecidos pela oportunidade de colaborar com essa gigantesca obra, oferecemos o Cálice Sagrado de nossos corações, através do qual possam derramar-se a Vossa poderosa energia e amor. Transmutai, purificai e acelerai a vibração do continente sul-americano – especialmente o Brasil – e territórios aquém do Equador, no hemisfério sul, que foram designados pelo Bem-Amado Saithrhu.

Pela poderosa ordem e força de EU SOU deste apelo, e da lei dos Senhores Cósmicos, nós sustentaremos e cumpriremos a nossa promessa em preparar um berço adequado para a Sétima Raça-Raiz.

EU SOU! EU SOU! EU SOU!

* * *

290. APELO PARA DESVINCULAR-SE DA QUARTA DISPENSAÇÃO

Com toda a força de meu ser, invoco os Bem-Amados Príncipe Miguel, amorosa Astrea, poderoso Arcanjo Ezequiel e a amorável Ametista: seccionai, seccionai, seccionai tudo o que prende os homens à Quarta Dispensação. Esta já passou, a sua missão foi concluída, seu livro fechou-se.

* * *

291. AÇÃO DE GRAÇAS ANUAL*

A Vós, Divino Pai, agradecemos neste momento a graça de nossa existência; todas as dádivas e benefícios que recebemos de Vossa Divina Presença, bem como os sofrimentos e dores que nos têm servido de experiência na trajetória de nosso aperfeiçoamento. Rogamos, Divino Pai, a Vossa ajuda para que não estacionemos em nossos propósitos de desenvolvimento espiritual e libertação; e que nos sejam concedidas forças e determinação para perseverarmos neste objetivo de Vos servir e fazer somente a Vossa vontade.

Apelamos aos Grandes Senhores do Carma para que nos concedam a oportunidade de aprender a expandir o nosso desenvolvimento espiritual e cumprirmos a missão que prometemos executar antes de nascermos. Colocamo-nos ao Vosso dispor para as tarefas que quiserem nos confiar.

Amém.

* * *

* É recomendável fazer este apelo em 31 de dezembro, quando ocorre a reunião do Conselho Cármico.

Afirmações Protetoras

292. Em nome do poderoso Arcanjo Miguel, afirmo:

EU SOU a Presença Divina em volta deste Foco de Luz (ou Santuário) e em cada discípulo da luz, na cidade de..., no país..., e em torno de todo o planeta.

EU SOU um poderoso círculo de proteção magnética, um anel intransponível.

EU SOU a protetora cintura eletrônica, que é invencível e repele todo pensamento perturbador, todo elemento destoante que queira se apresentar.

EU SOU a perfeição dos mundos que se mantêm dentro de sua própria força.

EU SOU a Presença Divina que me envolve no resplandecente Manto de Luz Branca que me protege contra toda imperfeição.

EU SOU o manto invisível de luz que me mantém sob a proteção de meu Divino EU.

Onde quer que eu me encontre, Ele me oferece segurança e amparo e me defende de toda imperfeição.

* * *

293. EU SOU a Presença Crística em meu coração, que atrai a mim a força magnética do Seu amor, na perfeita realização e aceitação de minha verdadeira divindade.

Permaneço, agora, nesta Presença EU SOU e Sua total manifestação e perfeição.

EU SOU o Cristo em atividade agora e para sempre.

EU SOU a vitoriosa conclusão que ultrapassa tudo o que é humano!

EU SOU a Ressurreição e a Vida do Plano Imaculado:

Deus em atividade em cada ser humano.

Seja feita a Vontade de Deus na Terra e no Céu.

* * *

294. EU SOU a Ressurreição e a Vida da pureza e saúde de cada célula de meu corpo.

EU SOU a Ressurreição e a Vida da vitoriosa conclusão na luz eterna.

EU SOU o Espírito Cósmico da Ressurreição, que é oriundo do coração do Universo.

EU SOU o Espírito Cósmico da Ressurreição, que é a esperança na luz eterna.

EU SOU a Ressurreição e a Vida da Verdade, que traz à tona tudo o que está encoberto.

EU SOU a luz em cada coração humano e em todos os seres dos Reinos da Natureza, Angélico e Elemental.

* * *

295. EU SOU a Ressurreição e a Vida do bem-estar em minha vida.

EU SOU a Ressurreição e a Vida de minha juventude e beleza.

EU SOU a Ressurreição e a Vida de minha perfeita visão.

EU SOU a Ressurreição e a Vida de minha perfeita audição.

EU SOU a Ressurreição e a Vida de minha perfeita saúde.

EU SOU a Ressurreição e a Vida de meu ilimitado vigor e ânimo.

EU SOU a Ressurreição e a Vida do Amor Divino.

EU SOU a Ressurreição e a Vida de minha invencível proteção.

EU SOU a Ressurreição e a Vida de meu ilimitado suprimento financeiro.

EU SOU a Ressurreição e a Vida de todos os bens.

EU SOU a Ressurreição e a Vida da Luz de Deus que nunca falha.

EU SOU a Ressurreição e a Vida da paz e da liberdade sobre a Terra!

(Repetir três vezes cada afirmação.)

* * *

296. EU SOU a Ressurreição e a Vida do verdadeiro progresso, abundância e prosperidade do Brasil.

EU SOU a Ressurreição e a Vida da paz, liberdade e ordem divina no Brasil.

EU SOU a Ressurreição e a Vida da liberdade e vitória do Brasil sobre todas as limitações e obstáculos.

* * *

297. EU SOU o EU SOU.
EU SOU o EU SOU.
EU SOU o EU SOU.
E nenhum outro poder pode atuar.
EU SOU, em toda parte, Deus em ação.

* * *

298. EU SOU a Mão Divina, que carrega, carrega, carrega os elétrons em minha volta com a infinita abundância de... (saúde, dinheiro, ou qualquer outra coisa que desejar).

EU SOU a poderosa energia eletrônica que transpassa, preenche e renova, instantaneamente, minha mente e cada célula de meu corpo.

* * *

299. AFIRMAÇÃO CONTRA AS FORÇAS DAS TREVAS

Em nome de minha Divina Presença EU SOU, renuncio a todas as forças oriundas de meu eu externo.

Renuncio a todas as energias que depositei em coisas supérfluas.

Renuncio a todo poder das trevas que sustentei.

Tudo que penso, falo e faço estão sob o controle da Presença Divina.

* * *

300. AFIRMAÇÃO EM PROL DA JUVENTUDE

Em nome do Bem-Amado Mestre Kuthumi, afirmo:

EU SOU a força do Fogo Violeta, que purifica os esforços edificantes da juventude deste planeta.

EU SOU a força da Iluminação, que nivela o caminho para a expansão de consciência da juventude. *(Repetir três vezes.)*

* * *

301. AFIRMAÇÕES

EU SOU e estou presente na Divina Chama Trina em meu coração e irradio luz e amor sobre a humanidade, para que ela reconheça Deus e a Ele sirva.

Deve haver paz na Terra!
Deve haver liberdade na Terra!
Deus deve morar em todos os corações humanos!
EU SOU a Presença – agora e sempre em todo ser!
EU SOU a luz!
EU SOU a verdade!
EU SOU o amor!

"Levanta-te, resplandece, porque já vem a tua luz, e a glória do Senhor vai nascendo sobre ti."

* * *

302. EU SOU a força viva e renovadora da Chama Trina, que se movimenta, incessantemente, em cada vida.

EU SOU a Chama Trina em meu coração, a luz de meu Altíssimo Ser Espiritual, e o plano perfeito de minha existência.

* * *

303. EU SOU a Presença Divina que institui, em meu lar e em minha circunvizinhança, paz, amor e harmonia. *(Repetir três vezes.)*

* * *

304. Abençoamos a paz e a expandimos entre os povos, nos lares, nas comunidades e em todo local de trabalho. *(Repetir três vezes.)*

Mantemos, com firmeza, o Raio da Paz e acrescentamos alegria e bem-aventurança a esse trabalho.

* * *

305. EU SOU a inteligência que se expressa com amor, sabedoria e poder em tudo o que sinto, penso, ouço, vejo, falo e faço.

EU SOU Quem permite que essas virtudes e o equilíbrio perfeito penetrem em mim, ao realizar esses atos, para que se manifeste a Ordem Divina.

* * *

306. EU SOU a irradiação do perdão e da pureza que liberta minha vida de todas as trevas.

EU SOU a Chama do Amor, que equilibra, instantaneamente, a energia que dissipei, renovando-a dentro da harmonia perfeita.

* * *

307. Eu entro consciente no coração do Fogo Sagrado e permaneço aí. Esse é o verdadeiro ponto central do meu ser!

* * *

308. EU SOU a poderosa e irradiante força que reanima e vivifica os meus quatro corpos inferiores.

Não existe outro poder!

EU SOU a luz que transpassa e renova cada célula e órgão de meu corpo físico e o mantém em perfeita saúde.

EU SOU o Homem Dourado, que atua através deste corpo e manifesta a sua pureza e perfeição no mundo físico.

Este corpo é a expressão de minha radiante pureza.

Afirmo: este corpo é saudável, puro, forte e belo. Cada órgão funciona em perfeita harmonia. Constantemente, envio novas forças ao ser externo para que se manifeste, através dele, a perfeição das qualidades divinas.

EU SOU a irradiação da Luz Divina que preenche os meus invólucros inferiores. Nada mais que perfeição pode existir.

Portanto, este corpo é um modelo de pureza e um instrumento perfeito para as Forças Divinas que atuam, por seu intermédio, no serviço prestado à luz!

* * *

309. AFIRMAÇÃO

EU SOU envolvido pela Luz Divina
(três vezes) agora e por toda a eternidade.
EU SOU envolvido pelo Amor Divino
(três vezes) agora e por toda a eternidade.
EU SOU envolvido pela Sabedoria Divina
(três vezes) agora e por toda a eternidade.
EU SOU envolvido pela Força Divina
(três vezes) agora e por toda a eternidade.
EU SOU envolvido pela Abundância Divina
(três vezes) agora e por toda a eternidade.

* * *

310. EU SOU *(três vezes)* uno com as emanações de vida da Grande Legião dos Mestres Ascensionados, que afastam de meu caminho toda criação negativa e me elevam, justamente agora, à perfeição do Reino Celeste.

EU SOU *(três vezes)* uno com as emanações de vida da Grande Legião dos Mestres Ascensionados, que afastam de meu caminho toda criação negativa e me conduzem, justamente agora, à minha ilimitada abundância.

EU SOU (três vezes) uno com as emanações de vida da Grande Legião dos Mestres Ascensionados, que afastam de meu caminho toda criação negativa e me fazem obter, justamente agora, a saúde perfeita.

EU SOU (três vezes) uno com as emanações de vida da Grande Legião dos Mestres Ascensionados, que afastam de meu caminho toda criação negativa e me elevam, justamente agora, à divina sabedoria, força e amor.

EU SOU *(três vezes)* uno com as emanações de vida da Grande Legião dos Mestres Ascensionados, que afastam de meu caminho toda criação negativa e me conferem, justamente agora, a paz que ultrapassa toda compreensão humana.

* * *

311. EU SOU a alegria do Mestre Fun Wei*,
EU SOU Sua plena irradiação;
EU SOU a alegria do Mestre Fun Wei,
EU SOU Sua paz cósmica;
EU SOU a alegria do Mestre Fun Wei,
EU SOU Seu poder cósmico;
e Ele multiplica essa alegria através de mim a cada hora.

(Repetir esta afirmação, substituindo o termo "alegria" por contentamento, bem-estar, bom-humor, etc.)

* * *

312. AFIRMAÇÕES EM FAVOR DOS SERES ELEMENTAIS

Em nome do poderoso Sol Planetário Hélios e Vesta, dos Seres Cósmicos da Luz dos Sete Raios, dos Elohim, Devas, Dirigentes dos Reinos da Natureza e dos Elementais, afirmo: EU SOU a onipresente força sustentadora do amor, harmonia, equilíbrio e paz em todos os seres da natureza e elementais.

* * *

Em nome de minha Presença EU SOU e dos Bem-Amados Thor e Áries, afirmo: EU SOU o Fogo Violeta em ação, que flameja através da atmosfera de nosso mundo, dissolvendo e consumindo toda impureza imposta pelos seres humanos.

Amém.

* * *

313. PODEROSA AFIRMAÇÃO DO ELOHIM ARCTURUS EM FAVOR DOS SERES ELEMENTAIS

Dirijo-Me aos seres elementais: em nome e pelo poder da transmutadora Chama Violeta, sede livres do acúmulo de fluidos discordantes. Conhecereis, agora, essa liberdade através da ação harmoniosa.

* A cor de Sua Chama é alaranjada.

Desde a mais desenvolvida salamandra, sílfide, ondina e o mais desenvolvido gnomo até o mais ínfimo deles, eu ordeno em nome de minha Presença EU SOU: obedecei à lei da paz, do equilíbrio e da cooperação deste Universo! Falo diretamente a todos esses seres, e apelo por uma contínua obediência à Lei da Harmonia, de maneira que possa ser estabelecido novamente o Jardim do Éden na Terra.

Bem-Amados seres dos elementos e seus poderosos Diretores! Em nome do Elohim representante do Sétimo Raio e do Chohan desse Raio, suplico auxílio a todos os seres de seu reino dentro, em cima e em redor da Terra.

Que seja conservada a paz nas águas, na Terra, no ar e nos elementos do fogo.

Em nome e no poder da Presença EU SOU, assim seja!

* * *

314. AFIRMAÇÃO

Selado para sempre na sétupla chama dos majestosos Elohim e envolto em segurança na tríplice atividade da Chama Trina, eu... (dizer o nome completo, ou de outra pessoa que deseje auxiliar) irei enfrentar os dias com os passos firmes de um poderoso conquistador da vida, um vitorioso, um mestre sobre toda substância e o mundo em geral.

Isto afirmo.

* * *

315. Eu entro consciente no Coração do Fogo Sagrado e permaneço aí – esse é o verdadeiro ponto central do meu ser.

EU SOU a Presença Divina no centro do Coração do Fogo Sagrado – falo e ordeno com autoridade.

EU SOU investido com o poder de três vezes três.

EU SOU investido com o poder da transformação.

EU SOU investido com o poder da materialização.

EU SOU investido com o poder da levitação.

* * *

Invocações

316. Bem-Amada Presença Divina EU SOU, fonte de toda vida, presente em cada coração humano, nós Vos amamos e bendizemos.

Selai-nos em Vossa luz, em Vosso amor e na força da Vitoriosa Conclusão; guiai-nos e iluminai-nos, para que nossa meditação, concentração e expansão irradiem vibrações benéficas poderosas.

Nós Vos agradecemos.

* * *

317. A Vós, poderosos Mestres Ascensionados, Seres Cósmicos, Anjos e Seres do Reino Elemental e da Natureza, oferecemos a nossa energia para auxiliar este planeta e toda vida sobre ele.

Abençoai o nosso empenho e reforçai-o com o Vosso divino poder.

Nós vos agradecemos.

* * *

318. Onipotente EU SOU, fonte de toda vida, preenchei-nos com a Vossa luz, o Vosso divino poder, o nosso serviço prestado em favor de todas as boas causas.

* * *

319. Bem-Amada Presença Divina EU SOU, que a Vossa energia e a Vossa inteligência capacitem-me a ler, entender e assimilar as Vossas palavras, e a fazer aquilo que é esperado de mim. EU SOU profundamente grato por essa energia vital.

Bem-Amado Mestre... apelo a Vós: pelo sentimento e capacidade que possuís, auxiliai-me, a fim de que eu empregue estas instruções para louvar a Deus e consolar a humanidade.

* * *

320. INVOCAÇÃO PELO BRASIL

Em nome e com o poder de nossa Divina Presença EU SOU, apelamos a Vós, Bem-Amado Mestre Ascensionado Hilarion: flamejai, flamejai, flamejai, na mais intensa atividade, a Chama Verde da Divina Verdade sobre todo o Brasil, dentro e em torno do governo do Brasil.

Manifestai a verdade! manifestai a verdade! manifestai a verdade!

EU SOU, em todas as horas, a presença da verdade em ação dentro do Brasil.

* * *

321. INVOCAÇÃO DE SÃO PATRÍCIO

Invoco todas as forças edificantes do Universo:

* contra qualquer força negativa que possa atingir o meu corpo ou a minha alma...

* contra as leis da ignorância do paganismo...

* contra as falsas leis da heresia...

* contra as cadeias da idolatria...

* contra os encantamentos dos feiticeiros...

* contra os vícios de tóxicos, bebidas e sexo desenfreado...

* e todo conhecimento negado à alma humana.

* * *

322. INVOCAÇÃO AO BEM-AMADO ZARATHUSTRA

Em nome da Divina Presença EU SOU, prometo solenemente empenhar as energias divinas que me foram concedidas por Deus-Pai-Mãe Criadores, para colaborar com o poderoso Zarathustra.

Invoco o Bem-Amado Zarathustra para preencher o meu ser e o meu mundo com o Seu entusiasmo por esse serviço.

Assim ajude-me Deus!

* * *

Visualizações

323. O vibrante e irradiante amor de meu Cristo me envolve...

Elevo o meu cálice a Vós, grandiosa Presença do Amor...

Preencho este cálice até transbordar... Encontro-me dentro de Vossa energia e ofereço-Vos o meu amor e a minha adoração...

* * *

324. Visualizemos um sino gigantesco com irradiações azuis, que se estende, abrangendo este ambiente onde estamos, afastando todas as vibrações negativas...

Protegidos por esse sino, nós o preenchemos com a luz de nossos corações.

* * *

Sumário

Apelo nº

Introdução

Cerimoniais de Adoração

Primeiro Raio – Chama Azul

Segundo Raio – Chama Dourada

Terceiro Raio – Chama Rosa

Quarto Raio – Chama Branca

Quinto Raio – Chama Verde

Sexto Raio – Chama Rubi-Dourado

Sétimo Raio – Chama Violeta

Santo-Ser-Crístico

Chama Trina

Luz Cósmica

Chama Dourada da Bem-Aventurança

Chama Verde-Dourada da Precipitação

Chama Verde-Limão Esclarecedora

Mãe Divina

Aos Soberanos Divinos do Grande Silêncio

Conselho Cármico

Reino Elemental

Apelos em favor da infância e da juventude, e dos que aguardam a reencarnação

Preces pelas Almas

Invocações Diversas

Afirmações Protetoras

Invocações

Visualizações